我国社会保障支出的收入再分配效应研究

岳希明 著

中国财经出版传媒集团
中国财政经济出版社

图书在版编目（CIP）数据

我国社会保障支出的收入再分配效应研究 / 岳希明著 . -- 北京 : 中国财政经济出版社，2021.8
ISBN 978 - 7 - 5223 - 0608 - 7

Ⅰ.①我… Ⅱ.①岳… Ⅲ.①社会保障－财政支出－研究－中国 ②a 社会保障－财政分配－研究－中国 Ⅳ.①D632.1 ②F812.45

中国版本图书馆 CIP 数据核字（2021）第 118344 号

责任编辑：张怡然　　责任印制：张　健
封面设计：卜建辰　　责任校对：胡永立

中国财政经济出版社 出版
URL：http：//www.cfeph.cn
E - mail：cfeph@cfeph.cn

社址：北京市海淀区阜成路甲 28 号　邮政编码：100142
营销中心电话：010 - 88191522
天猫网店：中国财政经济出版社旗舰店
网址：https：//zgczjjcbs.tmall.com
北京财经印刷厂印刷　各地新华书店经销
成品尺寸：170mm×230mm　16 开　12.25 印张　155 000 字
2021 年 9 月第 1 版　2021 年 9 月北京第 1 次印刷
定价：48.00 元
ISBN 978 - 7 - 5223 - 0608 - 7
（图书出现印装问题，本社负责调换，电话：010 - 88190548）
本社质量投诉电话：010 - 88190744
打击盗版举报热线：010 - 88191661　QQ：2242791300

本书得到了教育部人文社会科学重点研究基地重大项目“供给侧结构性改革与财政支出结构优化”（17JJD790023）的资助。

目　　录

第一章

绪　论

——中国收入分配的主要问题和本书的研究内容

第一节

当前中国收入分配的主要问题

当前中国的收入分配问题是个复杂的社会问题。从分析和解决问题的角度，把收入分配问题区分为收入差距和收入不公两个方面。从收入差距和收入不公两个角度，分别观察当前中国的收入分配问题，对厘清和理解当前复杂的收入分配问题，并找到有效的解决策略是有裨益的。

收入差距，顾名思义，即居民家庭在收入水平上的差距。导致居民收入差距的原因很多，除了教育水平高低、个人能力差异等居民个人因素之外，政府的收入再分配政策也是决定一国收入差距大小的重要因素。根据国家统计局公布的数据，近年来我国城乡居民人均可支配收入的基尼系数在0.46左右，和其他国家比较可知，这一水平的居民收入差距，超过世界80%的国家，它不仅较所有的发达国家高，同时也高出许多发展中国家。

收入公正与否，是指收入来源或人们取得收入的途径和过程是否公正，在很多情况下取决于价值判断，主观性很强。但即使如此，在很多情况下，收入的公正与否是显而易见的。当前中国社会收入不公的例子很多，比如腐败、垄断行业高收入，常为公众忽视的收入不公有教育和就业机会不平等、城镇公共服务对外来人口的歧视、整个社会保障体系对农村人口的不公待遇、累退性的税制、偏向城镇居民的财政支出，等等。

显而易见，收入差距和收入不公是紧密联系的，收入不公是导致当前我国居民收入差距的最重要因素之一。尽管如此，在诸多方面，两者彼此有别，不可等同视之。

首先，收入差距和收入不公的来源不同。如上所述，导致收入差距的因素数不胜数、纷繁复杂。除居民个人和家庭因素之外，政府政策也是当前我国居民收入水平和差距的重要决定因素。与收入差距相比，收入不公的根源则完全不同。仔细观察不难发现，导致收入不公的因素，无一不与政府有联系，有些为政府政策的直接结果。

其次，收入差距和收入不公的社会影响不同。由教育等公正因素带来的收入差距是有益的，它可以激励人们提高教育水平，不仅让受教育者本人赚得更多收入，同时也可提高整个社会的劳动生产率。与收入差距相比，收入不公的社会影响完全不同。在当前我国，收入不公不仅是居民收入差距的重要来源，同时严重扭曲公众的价值观，严重损害社会公正，并由此导致种种不良社会后果。

再次，解决收入差距和收入不公所需手段不同。如本章以下所述，缩小收入差距唯一途径是加大政府的收入再分配调节力度。与此相比，解决收入不公手段则完全不同。既然腐败、垄断、政府公共服务的歧视等收入不公与政府有关，那么，消除收入不公，必须要加大监督处罚力度，推进政策改革。

最后，公众对收入差距和收入不公的态度不同。由于收入差距和收入不公的性质不同，公众对两者的态度也截然不同。尽管中国社会被认为有“不患寡而患不均”的传统，但在经历了几十年市场经济发展以及收入差距扩大之后，公众对因教育、个人天赋和努力等公正因素而形成的收入差距，基本上是认同的和拥护的。相反，对收入不公，公众则完全持否定的态度。不仅如此，随着收入水平和经济地位的重要性的不断提高，公众对收入不公因素的不满和愤怒不断加剧。

综上所述，尽管收入差距和收入不公之间存在密不可分的联系，但两者是彼此有别的。更重要的是，有意识地将两者区分开来，对于厘清和解决当前我国收入分配问题是十分有益的。

第二节 如何解决当前中国收入分配的主要问题

如何解决当前我国的收入不平等问题？如上所述，收入差距过大和收入不公因根源不同，解决的方式和方法也不同，需要区别对待，分别施策。

如何缩小收入差距？本书的研究对象是政府收入再分配政策效应问题。本书的研究结论为如何缩小当前我国面临的居民收入差距过大问题，提出了清晰的解决对策。简言之，缩小目前我国居民收入差距的唯一手段是增加社会保障投入，并将增量资金全部投到广大的农村人口身上，就此结论的具体细节留给本章的后半部分以及本书以后各章详细讨论，在此仅做简单的概括和总结。一国居民可支配收入的差距是市场力量和政府的收入再分配政策共同作用的结果，一般而言，市场力量总会导致较高的收入差距，而政府的收入再分配政策旨在缩小和抑制由市场导致的较高的收入不平等。

本书研究结果显示，首先，由市场因素决定的收入差距（即市场收入的基尼系数），我国与发达国家并无显著的差距，一些发达国家在某些年份，其市场收入差距超过我国的现象非常普遍。然而，经过政府收入再分配政策的调节之后，发达国家的收入差距均降至 0.4 以下（即可支配收入基尼系数），而我国的下降幅度不大，这说明我国居民收入差距之所以远远大于发达国家，其根本原因在于政府收入再分配政策力度不足，而不在于市场因素。

其次，在政府的收入再分配工具中，政府通过各种社会保障支出项目对低收入人口的收入转移，其收入分配效应远远超过政府对居民课征个人所得税，在政府收入再分配政策效应中收入转移和个人所得税占比分别为 80% 和 20% 。在这一点上，我国与发达国家没有显著差异。也就是说，与个人所得税相比，对低收入人口的收入转移具有更加显著的缩小收入差距的效果。当把中国之外的其他发展中国家与发达国家相比时，以上结论仍然成立。

在我国，目前作为收入再分配政策工具的社会保障支出存在的问题有：第一，我国社会保障支出规模偏低。这一点不仅与发达国家相比成立，即使和发展水平与我国大致相同的发展中国家相比也如此。第二，目前我国社会保障支出在总体规模偏低的情况下，其投向过于集中在少数人群中，即以退休金和养老金的形式集中于行政事业单位离退休人员和企业退休职工，广大的农村人口所领取的政府转移性收入微乎其微。我国社保支出的低规模和过于集中的事实，严重地妨碍当前我国政府收入再分配政策效应的发挥。有研究显示，即使维持目前社保支出规模不变，通过调整社保支出结构（如压低行政事业单位退休金和城镇职工养老金的同时，提高农村居民养老金），即可使我国居民可支配收入基尼系数下降到0.4以下。

以上是解决收入差距过大的对策。为了缩小居民收入差距，需要在规模上增加社会保障投入，在结构上向农村低收入人群倾斜。这些虽非易事，但我们认为，与收入不公相比，无论问题的严重程度，还是问题解决的难易程度，收入差距都是次要的。随着财政上社会保障支出的增长，未来十年或更长一段时间，我国居民收入差距的明显缩小是可以期待的。与收入差距相比，收入不公问题则复杂得多。

在目前中国社会，收入不公现象都是居民收入形成过程中的不公正因素导致，它不仅扩大居民收入差距，同时还带来种种严重的经济和社会后果。

当今中国社会的一个典型的收入不公现象是垄断行业高收入。石油、铁路、电力、电信、银行等行业垄断经营，限制和禁止民间资本进入相关领域，垄断企业设立较高的产品和服务价格，由此从广大消费者转移巨额的经济利益。以消费者消费支出增加为代价的垄断行业利益，除了部分以税收的方式上缴国库之外，其重要去向为垄断企业的高额利润、垄断行业从业人员的高收入和高福利以及高管人员的高额在职消费。就业和教育机会不均等、城镇公共服务对流动人口的歧视、累退性税制、偏向城镇的财政支出体系等，都是在目前我国社会出现的收入不公现象，深受其害的多为低收入人口，尤其是广大的农村人口。这些因素严重地抑制了低收入人口的收入增长机会和经济地位的改善，是导致过去几十年收入流动性放缓以及社会地位固化的重要原因。

就当前中国收入差距和收入不公，需要唤起决策者注意的是，公众对收入分配的不满，往往表面上看上去是对收入差距的不满，实则是对收入不公的不满和愤怒。有例为证，2013 年初，国家统计局第一次公布了全国居民收入的基尼系数，结果显示，2003 ~ 2012 年中国居民人均收入的基尼系数在 0.47 ~ 0.49，收入差距自 2009 年起出现持续下降的趋势。结果一经公布，立刻引起公众和媒体的哗然，公众对此不以为然，认为统计局（有意）低估了当前中国居民收入差距，为此引以为证的，无一不是收入不公因素。同样的见解和讨论，在各种场合，包括人们的日常对话中随处可见。这一点清楚地告诉我们，如若收入不公得不到纠正，居民收入差距的缩小以及政府为缩小收入差距所付出的一切努力，都不会得到公众的认同。由此可见，纠正收入不公问题，较收入差距的解决更重要，不仅如此，消除收入不公，比缩小收入差距更困难。

第三节

本书各章的研究内容、结论和政策含义

本书的研究对象和考察的重点在于社会保障体系的收入分配效应，主要目的是显示作为收入再分配手段的社会保障支出是一国缩小其居民收入差距的最重要甚至是唯一手段。为了充分认识和理解社会保障体系的收入分配效应，本书从不同的角度进行了多方面的考察，以下就各章之间的逻辑关系和各章的主要内容做简单的介绍。

影响收入差距的因素纷繁复杂，但如前所述，以人均可支配收入基尼系数衡量的一国居民收入差距，其决定因素基本可以分为两类：市场因素和政府收入再分配政策，由从业人员学历、年龄、技能、所在行业等因素决定的收入差距和收入分配通常被称为初次分配，居民家庭从初次分配中得到的收入并不是最终可以用于消费和储蓄的收入，另外初次分配所形成的收入差距通常被认为过大，过于不平等，因此需要政府通过个人所得税和社会保障体系对初次分配结果进行调整。本书的第二章考察了市场因素和政府收入再分配政策的相对作用，重点分析了发达国家和发展中国家在居民收入差距上的差异（即后者远远高于前者）主要来源于市场因素还是政府收入再分配政策。研究结果发现，我国居民收入不平等显著高于发达国家的主要原因是我国政府收入再分配政策（尤其是转移支付）的调节力度不足，而在由市场因素决定的收入差距上，我国和发达国家之间差距并不大。不仅如

此，个人所得税和社会保障支出的再分配效应相差十分悬殊，后者显著强于前者，为此本章得出结论，加大政府对居民家庭转移支付的力度是缓解和改善目前我国居民收入不平等的主要途径。

在考察了市场因素和收入再分配政策的相对作用以及作为收入再分配政策手段的个人所得税和社会保障体系的相对重要性之后，本书的第三章转而聚焦于社会保障体系，专门考察政府对居民家庭的转移收入对目前我国居民收入差距的决定作用。使用中国家庭收入调查（CHIP）2013 年数据，第三章借助基尼系数按收入构成分解的方法，估计和分析目前我国不同社会保障支出项目的收入分配效应。实证结果显示，与没有包括政府转移性收入时的居民收入差距相比，包括政府转移性收入之后的居民收入差距下降了许多，因此政府转移收入具有缩小居民收入差距的作用。本书把政府转移收入前后居民收入基尼系数的比较，称为政府转移收入对收入差距的总体效应。但是，用边际效应衡量，当前我国政府转移性收入具有扩大居民收入差距的效应。和总体效应不同，边际效应指的是，以包括政府转移性收入在内的居民收入差距为出发点，在其他收入构成一定的情况下，令政府转移性收入对所有人增加同一比例时，居民收入差距的变化方向和大小，如果收入差距变大，则认为政府转移收入（在边际上）具有扩大居民收入差距的效应，反之则具有缩小居民收入差距的效应。结果证明，一方面，就政府对居民家庭转移收入总额而言，目前我国社会保障体系具有扩大居民收入差距的作用；另一方面，不同类型的政府转移收入，其边际效应截然不同。具体而言，行政事业单位离退休金和企业职工养老金等社会保障支出项目，具有显著扩大居民收入差距的作用，但农村居民养老金和农村低保等面向农村居民的社会保障项目及其支出，具有显著改善和缩小居民收入差距的作用。

本书第四章与其他章不同，属方法论研究，它对政府收入再分配政策效应测量方法进行了讨论。传统文献在衡量和评价收入再分配政策效应时，通常有两种方法：MT 指数和基尼系数按收入构成分解。两种方法分别用总体效应和边际效应评估收入再分配效应，两者虽然提供了所需的最基本信息，但都存在显著的缺陷。政府转移收入的收入分配效应，既取决于其分布，同时也依赖于其规模的大小，抓住这一点，第四章提议用总收入基尼系数随转移收入规模增加而形成的路径曲线，来全面地考察政府收入再分配政策效应。在对方法论进行了充分探讨之后，第四章通过计算我国政府转移收入的居民收入分配效应，显示了新方法的应用性和优势。

贫困问题是收入不平等问题的重要组成部分，与此同时，贫困研究是收入分配研究的重要组成部分，社会保障支出的减贫作用是其收入分配效应的重要组成部分。有鉴于此，第五章以我国社会保障体系的减贫效应为分析对象，讨论重点在于强调当前和未来我国保障性扶贫的必要性。众所周知，我国一直以来实行开发式扶贫政策，即通过支持一些生产经营性项目帮助贫困人口提高创收能力，由此达到摆脱贫困的目的。开发式扶贫战略对于改革开放后很长一段时间内我国农村贫困人口主要以有劳动能力人口为主的贫困群体脱贫是有效的。但是在最近的几年和十几年里，农村贫困人口的构成发生了根本性变化，贫困人口中丧失劳动能力人口所占比重逐年上升，目前达到 50% 以上，因病致贫、因学致贫、老年贫困等是中国农村贫困（包括未来的相对贫困人口）的主要原因，对于这类贫困，开发式扶贫战略是有其局限性的，只能靠社会保障体系为广大的农村贫困人口提供基本生活保障，方能解决丧失劳动能力贫困人口的贫困问题，保障性扶贫应当成为当前和未来我国农村扶贫的主要政策。近年来政策文件开始注意并强调保障性扶贫的必要性，但从目前我国社会保障支出的规模和投向来看，我国农村社会保障体系还不足以承担解决农村贫困的任务。为了进一步突出保障性扶贫的重要性，第五章对农村贫困人口构成、当前社会保障支出在农村的减贫效果、加大社保投入后的农村减贫幅度以及相应的财政支出负担等问题进行了讨论。和其他章一样，本章使用中国家庭收入调查（CHIP）2013 年数据进行分析，主要内容包括：（1）分不同人群组估计了贫困发生率，从中发现，老年人、家庭成员具有健康问题的家庭、有学生上学的家庭等群体，与其他人群相比，具有较高的贫困发生率；（2）目前农村社会保障项目对缓解农村贫困和降低农村贫困发生率具有显著的效应，其中以“新农保”资金规模最大，减贫效果最显著；（3）对提高“新农保”养老金水平以及实施学生和医疗补贴等的减贫效应和财政负担进行模拟估计。

在充分研究了社会保障支出的收入分配效应之后，作为本书最后一章的第六章聚焦社会保障支出的经济发展阶段属性，以期从经济发展水平以及国际比较的角度，理解当前我国社会保障支出规模。以往文献显示，社会保障支出规模与经济发展阶段和发展水平密切相关，以人均 GDP 衡量的经济发展水平越高，社会保障支出规模越大。社会保障支出规模与经济发展水平之间的正相关关系，在库兹涅茨倒 U 形曲线形成机制上发挥着重大作用。第六章以验证财政学中著名的瓦格纳法则是否存在以及探讨其形成机制的方式，考察分析了经济发展与财政支出规模及其结构之间的关系，并从中找到和讨论了中国在国际社会中的位置。具体而言，第六章使用 2011 年 GFS 和 WDI 的截面数据，把政府财政支出占 GDP 比重对人均 GDP（对数值）回归得到估计系数称为瓦格纳法则系数，据此考察瓦格纳法则。回归结果显示，财政总支出的瓦格纳法则系数为 3.71，表明经济发展与财政总支出规模之间存在显著的正相关关系，换言之，财政总支出占 GDP 比重随着经济发展有上升的趋势。分项财政支出占 GDP 比重对人均 GDP 对数值的回归结果显示，人均 GDP 与医疗保健支出、教育支出和社会保护支出①呈正比关系，但与公共秩序和安全、住房和社区设施支出呈反比关系。在此基础上，我们计算了各分项财政支出对瓦格纳法则系数的贡献度，其中以社会保护支出的贡献度最大（71.66%），经济事务支出贡献度最低（-7.38%）。结果表明，瓦格纳法则成立的主要原因是社会保护支出与经济发展之间的正向关系。与其他国家相比，包括与经济发展水平和我国大致相同国家相比，我国经济事务支出偏高，但社会保护支出和医疗保健支出偏低。

以上为本书各章之间的逻辑关系以及各章的主要内容和结论，详细内容请读者参考和阅读本书的相应章节。

① 社会保护支出是 IMF 政府收支统计（Government Finance Statistics，GFS）的用语，其口径与通常的社会保障支出相同。

第二章

我国居民收入不平等的原因

——市场因素和政府政策哪个更重要[①]

第一节 收入差距与政府政策

任何国家的任何一项政府政策都或多或少地影响居民收入水平及其差距，我国也不例外。例如，自改革开放以来，户籍制度一直是阻碍农村人口流入城镇获得更高收入机会的因素，导致城镇和农村居民之间巨大的收入差距，并使之成为我国居民收入整体不平等的因素之一。近年来，随着大量

① 本章主要内容发表在《财经研究》2016年第4期（蔡萌、岳希明：《我国居民收入不平等的主要原因：市场还是政府政策?》）。

农村人口流向城镇，以往的城乡壁垒有所松动，但在就业以及享受各项公共服务方面，流动人口与城镇户籍人口之间仍然存在较大差距。再如，行业垄断是影响收入分配的重要因素之一，而目前我国的行业垄断主要为行政性垄断，是政府政策的直接结果。行政性行业垄断令相关行业从业人员得到不合理的高收入，同时通过产品和服务的垄断高价使广大消费者承受巨额负担。

政府的财政支出政策和税收政策同样具有明显的收入分配效应。居住支出是所有家庭最基本的消费支出，政府为低收入家庭提供的保障房服务，在改善这些家庭居住条件的同时，也能够减少他们用于住房的自有支出，使他们将更多的购买力用于其他商品和服务的消费上。由于保障房这项基本公共服务的受惠人群主要为低收入家庭，因此它将缩小居民收入差距，缓解目前我国居民收入高度不平等的局面。与保障房类似，教育、医疗等基本公共服务同样具有明显的收入分配效应。在众多的财政支出中，低保等社会保障支出属于政府向居民家庭的直接收入转移政策，加上其政策目标直接瞄准最低收入人群，与保障房、教育、医疗等其他民生支出相比，其收入分配效应更明显。

作为筹集财政收入手段的税收政策同样具有显著的收入分配功能。税收既可缩小居民收入分配差距，也会加剧收入分配不平等，这取决于税收累进（退）性和平均税率的高低。平均税率随收入水平提高而上升的税种为累进性税收，它会缩小居民收入差距；相反，税率随收入水平上升而下降的为累退性税收，它会加剧收入分配的不平等。目前政府使用的诸多税种中，增值税等间接税是根据人们的消费支出多少课税，而不是按收入的高低缴税，收入中用于消费支出的比例通常随收入水平的上升而下降（即边际消费倾向递减），因此间接税的平均税率与收入水平之间呈负相关关系，即收入越低，平均税率会越高。与间接税不同，个人所得税为直接税，其法定税率通常随收入上升而上升（超额累进），因此为累进性税收。累进性税收将有利于缩小居民收入差距。由间接税和直接税组成的整体税制的收入分配效应取决于间接税的累退性与直接税的累进性之间的强弱对比以及各自平均税率的高低。

政府政策对收入分配的影响一直是备受学界关注的问题。蒋洪等（2002）通过实证分析表明，中国高等教育公共支出的主要受益者是高收入群体，低收入群体的受益程度相当有限。陈斌开等（2009）考察了 1990 ~ 2005 年性别、教育、地区和经验等因素对中国城镇居民劳动收入差距及其演变的贡献，发现教育对劳动收入差距的影响呈上升趋势。郭凯明等（2011）认为加大公共教育投入对调节收入分配的作用较弱，但增加社会保障投入可以有效地降低不平等程度。张世伟、贾鹏（2014）的研究表明，最低工资的提升短期内会促进低技能劳动力就业并提升其收入水平，进而降低不平等；但长期来看，最低工资的提升超过一定幅度将会对就业产生负面作用。马双等（2012）发现，最低工资每增加 10%，制造业企业雇用人数将显著减少 0.6% 左右。聂海峰、岳希明（2012）研究间接税对收入分配的影响发现，我国间接税负担呈现累退性，即低收入人口的负担率高于高收入人口的负担率，这恶化了整体收入分配的不平等。岳希明、徐静（2012）的研究结果表明，个人所得税确实降低了收入不平等，但其降低收入不平等的效果非常弱。徐建炜等（2013）认为，与发达国家相比，我国个税累进性较高，但平均税率偏低，导致个税政策调节收入分配的作用有限。

从上述的政策工具及其收入分配效应不难看出，尽管所有政策工具都具有收入分配效应，但在强弱程度、产生机制以及可预见性等方面具有明显的差异。其中有些政策工具的收入分配效应是直接的，作用机制是显而易见的。保障房政策、低保等财政转移支付政策、个人所得税等属于此类政策工具。与此不同，教育财政支出、最低工资制度等政府政策，其收入分配效应非但不明显，而且具有不确定性。教育财政支出的收入分配效应如何，在很大程度上取决于其支出结构。在我国，政府在城镇的教育投入较多，在农村较少，由于城镇较农村富裕，因此目前的教育投入结构，实际上是通过提供教育服务，给予高收入人口更多的补贴，这不仅恶化了当前居民收入不平等，同时也不利于未来我国居民收入差距的缩小。最低工资制度的收入分配效应同样是不确定的。表面上看，最低工资法规提高了非熟练工人的工资水平（从而缩小工资差距），但实际上，最低工资要求会限制企业用低于最低工资的工资水平雇用工人，从而导致部分非熟练工人失去工作机会，使其收入水平从低于最低工资的潜在水平降低为零，收入差距因此扩大。

不同的政策工具，其作用于收入差距的机制和方向以及效果的确定性等方面有很大差异，因此需要分别研究，研究所用实证手法以及在此过程中的难易程度也会不同。由此也可以看到，全面地评价我国目前所有政策工具的收入分配效应是十分困难和复杂的。对此，本章把考察对象限定在低保等转移性财政支出和个人所得税（包括社会保障缴费，下同）两项政策工具上，通过对我国居民收入不平等指数的计算和国际比较，来考察这两种收入转移政策对我国居民收入不平等的影响，并借此探讨目前我国居民收入不平等是由市场力量造成的，还是政府收入再分配政策力度不足的结果。本章的主要分析结论是：就市场收入的基尼系数而言，我国和其他国家相比并没有太大差距，但从政府收入再分配政策介入之后的可支配收入基尼系数来看，发达国家远远低于我国。这说明，目前我国居民收入的高度不平等，不是由市场因素造成的，而是因为我国政府收入再分配政策力度不足。

第二节 收入差距的产生机制和政策再分配效应研究方法

一、收入差距的产生机制

理解收入差距的产生机制首先要厘清家庭收入的形成过程。家庭成员收入形成的起点是市场收入，也被称为要素收入（factor income），即家庭成员通过提供生产要素在市场上获得的报酬，包括工资性收入、经营性收入和财产性收入。工资性收入和经营性收入是家庭成员提供劳动得到的回报，而财产性收入则是提供资本得到的报酬（如股息红利等）。市场收入反映了初次收入分配的结果，因此也被称为初次收入（primary income）。

家庭收入形成过程中，初次收入分配之后的是政府部门介入的再分配过程。再分配过程是在初次分配中形成的市场收入基础上进行的，其中既包括政府向居民家庭的转移性支出（对居民家庭而言是转移性收入），也包括居民向政府缴纳的个人所得税和社会保障缴费。市场收入加上转移性收入，再减去个人所得税和社会保障缴费就形成了居民家庭的可支配收入。这是家庭最终可自由支配用于消费和积累的收入，是再分配过程的结果。

就再分配政策的倾向性而言，转移性支出和个人所得税是不同的。转移性支出（具体包括低保、养老金等）主要是政府通过社会保障、社会救济等转移支付制度支付给居民家庭的。政府对住户的无偿性转移支出对政府而言为财政支出，但对家庭来说是收入。家庭收入中这种来自政府的转移性收入习惯上被称为转移支付，本书沿用这一叫法[①]。由于政府转移性支出的对象主要为低收入家庭，它在再分配过程中主要承担着提高低收入人群收入水平的作用，因此，转移性收入的再分配目标主要为"提低"。而个人所得税及社会保障缴费是家庭向政府的收入转移，且具有明显的累进性，即居民收入中税负和缴费额的比例会随收入水平的升高而增加。可见，个人所得税和社会保障缴费有着限制高收入人群收入水平的作用，其应发挥的再分配效果为"限高"。社会保障缴费率的上限限制降低了其累进性和在限制高收入人口收入水平中的作用，但个人所得税的"限高"特征依然比较显著。图 2－1 直观地展示了收入的不同定义和政府的收入再分配政策在居民收入形成中的作用。

① 注意此处的转移支付与政府间财政关系中上级政府对下级政府的转移支付之间的区别，后者为政府间转移支付（intergovernmental transfer）的简称。

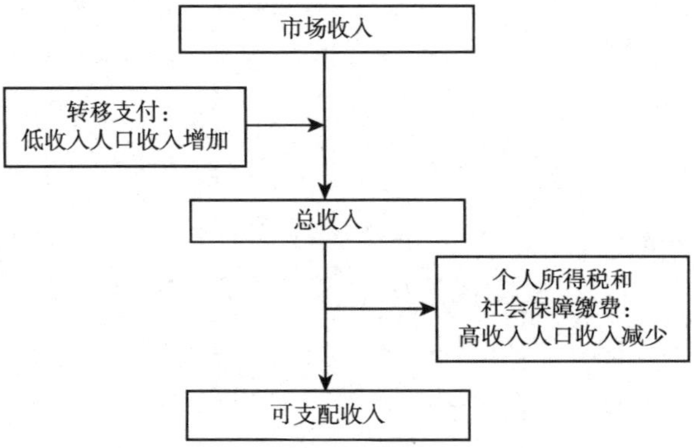

图 2－1　政府收入再分配政策与收入的定义

二、政策再分配效应研究方法

我们考察政府政策再分配效应的研究方法基于 Musgrave 和 Thin（1948）提出的 MT 指数，也叫再分配指数，用公式表示为：

$$MT = G_X - G_Y \tag{2-1}$$

其中，G_X和G_Y分别表示某项政策工具介入前、后的基尼系数。如果政策工具有改善收入不平等的效应，G_Y会小于G_X，MT 指数为正值。相反，如果政策工具有加大收入差距的效应，MT 指数将是一个负值。转移性支出使居民的可支配收入增加，而个人所得税则会削弱家庭的购买力。据此我们可以定义不同政策工具介入前后的居民收入。通过计算、比较不同口径收入下的不平等指数，我们就可以测算转移支付、个人所得税等再分配政策工具对居民收入不平等的调节方向和程度。从定义上讲，市场收入加上来自政府的转移性收入，再减去个人所得税和社会保障缴费是居民家庭的可支配收入。市场收入和可支配收入在基尼系数等不平等指数上的差异即是这两种政策工具的收入再分配效应的具体体现。据此我们可以构建转移支付和个人所得税再分配效应的测算指标，如下：

$$MT = G_m - G_d = (G_m - G_g) + (G_g - G_d) = \Delta G_t + \Delta G_i \quad (2-2)$$

其中，G_m、G_g、G_d分别代表市场收入、总收入、可支配收入基尼系数。居民家庭在市场收入上的不平等，是由市场力量决定的居民收入差距，而在可支配收入上的差距，则是政府对市场力量形成的收入不平等的介入或纠正。通过这两种收入口径下不平等指标的比较（G_m和G_d之差），即可判断政府的再分配政策效应。市场收入基尼系数与总收入基尼系数之间的差异（$G_m - G_g$）是政府转移性支出收入分配效应的体现，用ΔG_t表示；而总收入基尼系数和可支配收入基尼系数之间的差异（$G_g - G_d$）则反映个人所得税和社会保障缴费的收入分配效应，用ΔG_i表示。

从上节讨论可知，每一项政府政策都不同程度地影响居民收入差距，本书从中选取转移支付和个人所得税两个政策工具进行考察，原因在于，这两项政策工具是政府运用财政手段调节居民收入再分配的最主要政策，其对居民收入的影响是直接的、可预见的、基本不存在不确定性的，所需分析手段也较为简单。不仅如此，相同研究常见于其他国家，由此可以进行国际比较。通过计算我国居民市场收入和可支配收入基尼系数，并将之与其他国家比较，本书发现：在市场收入基尼系数上，我国和其他国家差异不大；经过政府收入再分配政策调节后，各国居民收入不平等程度均有所下降，即可支配收入基尼系数小于市场收入基尼系数。但与其他国家相比，我国居民收入不平等的下降幅度非常小，表现在我国的可支配收入基尼系数远远高于其他国家。这说明，我国居民人均可支配收入不平等程度之所以如此高，其主要原因是政府的收入再分配政策力度不够，而不是市场力量。

第三节 收入再分配政策力度不足是我国居民收入不平等的主要原因

一、数据与定义

本节应用住户调查数据，首先计算我国居民市场收入、总收入以及可支配收入的基尼系数，由此考察政府的收入再分配政策效应，然后通过国际比较（主要与发达国家比较），考察中国收入分配的特殊性。

一国居民收入不平等程度的高低，通常以人均可支配收入衡量。如果市场收入和可支配收入基尼系数之间差异较小，可以说政府的收入再分配政策效应很弱，居民可支配收入不平等程度较高的根源在于政府收入再分配政策的力度不足。如果两者之间的差异很大，说明居民可支配收入不平等的根源在于市场收入的不平等，尽管政府的收入再分配政策显著地缩小了居民收入差距，但仍然不足以纠正由市场因素造成的居民收入不平等。国际比较更有利于明确这一点。

本章使用的数据来自中国家庭收入调查（China Household Income Project，CHIP）2002 年、2007 年住户调查。

2002年调查住户样本总数为16035户，其中农村9200户、城镇6835户；2007年调查住户样本总数为23000户，其中农村13000户、城镇10000户。它们分别是国家统计局农村和城镇大样本的子样本。在国家统计局的住户样本具有全国代表性的前提下，收入分配课题组样本是否具有全国代表性，判断标准在于从该样本产生的居民人均收入水平及其差距与国家统计局大样本的相关数值之间的差异程度。如果差距很小，则说明收入分配课题组的小样本具有全国代表性，否则就不具有代表性。在人均收入水平及其分散（以基尼系数衡量）上，两个样本十分接近①，说明收入分配课题组的农村样本和城镇样本具有全国代表性。本章以下用全国城乡人口对收入分配课题组的农村和城镇样本进行加权，由此估计不同定义的全国居民人均收入水平及其基尼系数。

在国家统计局住户调查中，农村居民和城镇居民的可支配收入均被划分为四项②：工资收入、经营性收入、财产性收入和转移性收入，其中的转移性收入既包括来自政府的，也包括来自非政府的，另外还有个人所得税和社会保障缴费信息可利用。在可支配收入的四项构成中，工资收入、经营性收入以及财产性收入合计为市场收入，市场收入加上来自政府的转移性收入为总收入，总收入减去个人所得税与社会保障缴费为可支配收入。在此值得强调的是转移性收入。考察政府收入再分配政策时，转移性收入应

① 国家统计局公布的2007年农村人均纯收入的基尼系数为0.374，收入分配课题组样本为0.377；城镇人均可支配收入的基尼系数，国家统计局为0.34，收入分配课题组样本也是0.34。

② 2012年之前，国家统计局住户调查的城镇部分使用可支配收入的概念，而农村部分则使用纯收入的概念。其中的农民纯收入虽然与可支配收入有一定的区别，但是差异不大，在此我们把农民纯收入等同于可支配收入的概念。

当仅包括来自政府的部分，而不应包括来自非政府的转移性收入，由此才能将政府的转移支付效应独立出来。但在我们所用数据资料中，转移性收入既包括来自政府的转移性收入，同时也包括来自政府之外的转移性收入。城镇住户数据中，转移性收入可以区分为来自政府和来自非政府的两部分[①]，我们把来自非政府的转移性收入归并到市场收入中[②]，而来自政府的转移性收入用来考察政府转移支付的收入再分配效应。但在农村住户数据中，两者无法区分开，对此我们假定所有的转移性收入均来自政府。这一假定可能与实际不符。与今天相比，2002 年、2007 年农村的社会保障制度尚未普及，规模更小，因此当时农户转移性收入应当主要是来自非政府的转移性收入。受限于数据的可获得性等原因，本书无法实现样本数据的更新。但由于在农户可支配收入中转移性收入占比较小[③]，因此即使将其当成来自政府的转移性收入，对收入分配效应的估计值可能影响并不大[④]，因此本书的分析结论仍具有研究价值。表 2 - 1 给出了四项收入构成以及三种收入的均值。

---

① 2007 年城镇数据中，来自政府的转移性收入包括养老金或离退休金、社会救济收入（包括最低生活保障收入）、赔偿收入、失业保险、记账收入；来自非政府的转移性收入包括来自单位的辞退金、保险收入（不包括失业保险）、住房公积金、家庭间的捐赠收入和赡养收入以及其他转移性收入（如亲友搭伙费，单位发放的抚恤金，军人的转业费、复员费，各种有奖彩票的中奖收入等）。

② 来自非政府的转移性收入本质上并不是市场收入，但丢掉它会导致收入不完整，使其作为独立的收入构成会增加收入的种类，从而增加解释的复杂性。与纯粹的市场收入相比，其规模较小，因此即使将其作为市场收入的一部分处理，对分析结论并没有太大的影响。

③ 2002 年、2007 年农村居民转移性收入占可支配收入的比重分别为 2%（56/2732）、5%（216/4321），见表 2 - 1。

④ 为了考察农户转移性收入这一缺陷对政府收入再分配政策效果估计结果的影响，我们假定农村转移性收入全部来自非政府（即来自政府的转移性收入等于零），将其归并到市场收入中。由此得到的分析结果与假定农户所有转移性收入均来自政府的估计结果相差不大。相关结果可向作者索取。

表 2-1　　不同收入的人均值　　单位：元

年份	组别	市场收入	总收入	可支配收入	转移性收入	个人所得税*
2002	全国	4179	4786	4573	607	213
	农村	2728	2784	2732	56	52
	城镇	6659	8208	7719	1548	489
2007	全国	8457	10084	9456	1627	628
	农村	4117	4333	4321	216	12
	城镇	13594	16892	15534	3298	1358

注：＊包括社会保障缴费。

二、不平等指数的估计与分解

对数据进行介绍之后，下面报告基尼系数以及其他不平等指数的估计结果。表 2-2 给出 2002 年、2007 年我国市场收入、总收入、可支配收入的基尼系数估计值以及转移支付和个人所得税（包括社会保障缴费）的收入再分配效应。由市场力量决定的居民收入不平等程度体现在市场收入基尼系数上。由表 2-2 可知，与 2002 年相比，2007 年我国三种收入基尼系数均有所提高，意味着不平等程度的加深。2007 年全国人均市场收入基尼系数和可支配收入基尼系数分别为 0.5197 和 0.4813，两者之差为 0.0384。如上节所述，在基尼系数上市场收入和可支配收入之间的差异是衡量政府收入再分配政策调节程度的指标，由此可知，通过政府的收入再分配政策，我国居民收入不平等下降了 7.4%（0.0384/0.5197），高于 2002 年的 3.5%（0.016/0.4628）。作为我国政府收入再分配政策对居民收入不平等的调节幅度，我们将通过国际比较评价该数值的高低。

此处考察的政府收入再分配政策包括两个：转移支付和

个人所得税。为了观察两者收入再分配效应的大小，我们对收入再分配政策的总体效应做如下分解。市场收入基尼系数与总收入基尼系数之差是衡量转移支付收入再分配效应的指标，而总收入与可支配收入基尼系数的差异则反映了个人所得税和社会保障缴费的收入分配效果。由表2－2可知，2002年两者分别为0.009和0.007，分别占再分配政策总效应的56.25%和43.75%；2007年两者分别是0.0293和0.0091，分别占再分配政策总效应的76.30%和23.70%。这说明从基尼系数的变化幅度上看，转移支付政策较个人所得税的收入再分配效应更强。这一点与国际经验相吻合，以下将证实这一点。

表2－2　　　　我国政府政策的收入再分配效应

收入定义	2002年			2007年		
	全国	农村	城镇	全国	农村	城镇
	基尼系数					
市场收入	0.4628	0.3810	0.4013	0.5197	0.3839	0.4369
总收入	0.4538	0.3804	0.3229	0.4904	0.3764	0.3437
可支配收入	0.4468	0.3832	0.3189	0.4813	0.3769	0.3472
	收入再分配效应					
总效应	0.016	-0.0022	0.0824	0.0384	0.007	0.0897
其中：转移支付	0.009	0.0006	0.0784	0.0293	0.0075	0.0932
个人所得税	0.007	-0.0028	0.004	0.0091	-0.0005	-0.0035
	相对效应（%）					
总效应	100	100	100	100	100	100
转移支付	56.25	-27.27	95.15	76.3	107.14	103.9
个人所得税	43.75	127.27	4.85	23.7	-7.14	-3.9

在农村，与市场收入相比，总收入和可支配收入的基尼系数变化不大，说明政府收入再分配政策在农村基本没有效

力。与市场收入相比，2002 年和 2007 年总收入的基尼系数仅仅下降了 0.0006 和 0.0075，数值很小，加之这里使用的转移性收入多为来自非政府的收入，因此政府的转移性支出政策对农村居民收入差距的调节作用几乎为零。这一点主要是由当时农村社会保障制度缺失引起的。与总收入相比，可支配收入的基尼系数略有上升，其原因在于农村的税负多为对非农个体经营者课征的，而非农个体经营者本身并不是高收入人群。

政策的收入再分配效应在城镇表现尤为突出。以 2007 年为例，与人均市场收入基尼系数 0.4369 相比，可支配收入的基尼系数为 0.3472，后者较前者低 0.0897。这是收入再分配政策对城镇居民收入差距的总体调节效应，其中来自转移支付和个人所得税的部分分别为 0.0932 和 -0.0035，两者占比分别为 103.90% 和 -3.90% 。由此可见，作为收入再分配的政策工具，具有“提低”效应的转移性支出比具有“限高”作用的个人所得税更有效。此外，与 2002 年相比，2007 年转移支付的再分配效应有所增强，但个人所得税的再分配效果有所减弱。转移性支出和个人所得税的收入再分配效果在农村和城镇之间有显著差异，而其对全国居民收入不平等的调节作用则是城乡效果的“平均值”。

以上使用基尼系数考察了政府再分配政策的收入分配效应，下面采用分析收入等分组收入份额变化的方法观察政府政策的再分配效应，以从另一个角度支持上述结论。表 2-3 给出了全国、农村、城镇居民按人均市场收入排序分组后，每一组的市场收入、总收入、可支配收入十等分份额。与市场收入份额相比，如果低收入人口的总收入和可支配收入份额上升，则说明低收入人口的收入水平在再分配政策的调节下相对上升了，即政府政策降低了居民收入不平等程度。表2-3显示，与市场收入相比，2002年和2007年低收入组的总收入和可支配收入份额有所上升，高收入组的相应收入份额有所下降。这一点对全国、农村、城镇居民而言都不例外。以全国为例，2007年十等分组中最低收入组占市场收入的份额仅为0.8%，而其总收入和可支配收入份额分别为5.9%和6.3%。与此相反，最高收入组的收入份额从市场收入的41.9%分别降至总收入的37.3%和可支配收入的35.8%。在不同等分组之间，份额由升到降的分界点发生在第8等分组，以该组为分界点，收入份额变化由上升转为下降。分城乡观察收入份额的变化幅度，城镇大于农村，说明在收入再分配政策的效应上，城镇强于农村。不仅如此，由转移支付引起的份额变化明显大于由个人所得税引起的份额变化。这些变化趋势与上面对基尼系数的考察结果完全相同。这里值得略加解释的是，在城镇乃至全国，与其他低收入组相比，十等分组中最低收入组的收入份额上升十分显著①。不仅如此，按市场收入分组的最低收入组，在总收入和可支配收入中的份额反而超过了其他低收入组。这说明，市场收入最低的人群在经过政府的转移支付和个人所得税再分配政策之后，其收入水平超过了按市场收入衡量的其他低收入组。之所以出现这种情况，其原因在于，城镇住户中存在许多靠退休金生活的老人家庭，他们虽然没有任何市场收入，但在得到退休金之后，其收入水平反而相对较高。

① 以城镇为例，位于最低收入组的所有家庭，2007年其占市场收入的比重为0.4%。同样是这些家庭，他们在总收入和可支配收入中所占的比重分别上升至7.6%和8.2%，上升了7.2个和7.8个百分点。与此相比，十等分组中第2等分组（收入水平仅高于最低收入组）收入份额仅仅上升了2.1个和2.4个百分点。

表 2－3　　收入十等分组的收入份额变化　　单位：%

组别	十等分组	2002 年			2007 年		
		市场收入	总收入	可支配收入	市场收入	总收入	可支配收入
全国	1	1.2	5.0	5.1	0.8	5.9	6.3
	2	2.7	2.9	2.9	2.1	2.5	2.7
	3	3.7	3.9	4.0	2.8	3.0	3.2
	4	4.7	4.7	4.8	3.6	3.7	3.9
	5	5.8	5.7	5.9	4.4	4.5	4.8
	6	7.2	7.2	7.3	5.7	5.9	6.2
	7	9.2	9.0	9.2	7.7	7.8	8.0
	8	12.1	11.9	12.0	11.7	11.3	11.4
	9	17.4	16.7	16.6	19.3	18.0	17.8
	10	36.1	33.2	32.3	41.9	37.3	35.8
农村	1	2.1	2.3	2.3	2.2	3.1	3.1
	2	3.9	3.9	3.9	4.5	4.7	4.7
	3	5.0	5.0	5.0	5.7	5.8	5.8
	4	6.1	6.1	6.1	6.8	6.8	6.8
	5	7.2	7.2	7.1	8.0	8.0	8.0
	6	8.4	8.4	8.5	9.3	9.2	9.2
	7	10.0	9.9	9.9	10.6	10.5	10.6
	8	12.1	12.0	12.0	12.5	12.3	12.3
	9	15.7	15.6	15.7	15.2	15.0	15.0
	10	29.7	29.5	29.5	25.3	24.6	24.6
城镇	1	0.6	7.2	7.6	0.4	7.6	8.2
	2	2.8	4.7	4.9	2.6	4.7	5.0
	3	4.4	5.3	5.4	4.3	5.3	5.5
	4	5.7	5.9	6.0	5.8	6.1	6.2
	5	7.0	6.9	7.0	7.3	6.9	6.9
	6	8.8	8.4	8.4	8.9	8.1	8.2
	7	10.4	9.5	9.4	10.7	9.7	9.7
	8	12.7	11.3	11.2	13.0	11.6	11.3
	9	16.4	14.4	14.2	16.9	14.6	14.3
	10	31.2	26.4	25.8	30.2	25.4	24.6

注：按人均市场收入排序分组。

从本节考察可知，我国政府的转移支付和个人所得税降低了居民在市场中形成的收入不平等，那么我国政府收入再分配政策效应是大还是小？转移支付的收入再分配效应明显强于个人所得税，在这一点上，中国是特殊还是具有一般规律性？为回答这些问题以及评价我国政府的收入再分配政策，我们需要参照系，需要其他国家的经验佐证，为此我们搜集了相关文献。

三、我国与发达国家、发展中国家不平等程度的比较

（一）我国与发达国家的比较

研究政府收入再分配政策的文献较多，我们从中选择了Kristjánsson、Mahler和Jesuit以及世界银行经济学者Branko Milanovic的研究成果。这几项研究的收入定义和本书基本一致，因此增强了与我国的可比性[①]。Milanovic（1999）给出了24个国家和地区三种收入定义的基尼系数，其中除我国的台湾和俄罗斯外均属于OECD成员国。为了尽可能保证比较对象的一致性，在下列计算中，我们去掉了中国台湾和俄罗斯，由此仅剩下22个OECD成员国（以下简称OECD22国）。在该研究中，在基尼系数可利用的年份中，因国别而异，有些国家仅有一年的基尼系数可以利用（匈牙利、瑞士、捷克等5国），有些国家则有多年的基尼系数可以利用

① Kristjánsson（2011）中的样本国有：奥地利、比利时、德国、丹麦、西班牙、芬兰、法国、波兰、爱尔兰、冰岛、意大利、卢森堡、荷兰、挪威、葡萄牙、瑞典、英国。Mahler和Jesuit（2006）中的样本国有：比利时、瑞典、荷兰、芬兰、法国、丹麦、德国、英国、挪威、奥地利、加拿大、美国、瑞士。Milanovic（1999）中的22个OECD样本国有：比利时、波兰、瑞典、瑞士、法国、德国、斯洛伐克、爱尔兰、匈牙利、丹麦、捷克共和国、荷兰、卢森堡公国、英国、意大利、芬兰、挪威、西班牙、澳大利亚、加拿大、以色列、美国。

(如美国、英国和瑞典各有6年，加拿大有5年，荷兰有4年等)。基尼系数最早可以利用的年份为1967年，最近年份为1997年。由于数据的时间跨度较大，不仅国与国之间的基尼系数相差很大，某一国不同时期的基尼系数也相差很大，为了保持基尼系数的差异性和反映这些国家基尼系数的变化，在以下计算中，我们把每个国家在每个年份的基尼系数作为一个观测值处理，由此对三种收入定义的每一种收入得到22个国家共73个基尼系数估计值。Kristjánsson（2011）给出了16个OECD成员国（以下简称OECD16国）三种收入定义的基尼系数。Mahler和Jesuit（2006）展示了13个发达国家（以下简称OECD13国）的市场收入基尼系数、可支配收入基尼系数以及转移支付和个人所得税在降低居民收入不平等中的作用。Kristjánsson（2011）中基尼系数的报告年份为2007年。Mahler和Jesuit（2006）中的数据来自13个国家1980年、1985年、1990年、1995年和2000年的59次LIS（Luxembourg Income Study）调查。每个国家的基尼系数为不同年份基尼系数的均值。这几项研究覆盖了25个OECD国家，希腊、日本、韩国等OECD成员国未在样本范围之内。以下以我国2007年数据为例给出中国与OECD国家之间可支配收入不平等成因的比较（如表2-4所示），以增加结论的稳健性。

表2-4　　中国与OECD国家可支配收入不平等比较

比较对象	可支配收入基尼系数之差	来自市场收入		来自再分配政策	
		绝对值	占比（%）	绝对值	占比（%）
中国与OECD13国	0.210	0.088	41.70	0.123	58.30
中国与OECD16国	0.192	0.037	19.08	0.156	80.92
中国与OECD22国	0.163	0.052	31.66	0.112	68.34

数据来源：OECD13国数据来自Mahler和Jesuit（2006）；OECD16国数据来自Kristjánsson（2011）；OECD22国数据来自Milanovic（1999）；中国数据来自2007年CHIP调查。

表 2 - 4 显示，我国人均可支配收入的基尼系数较 OECD13 国高出 0.210，即 21 个百分点，这是我国与 OECD 国家在居民收入不平等上的总体差异。其中 0.088 源于市场因素导致的差异（即我国与 OECD 国家在市场收入基尼系数上的差异），占可支配收入基尼系数差异的 41.7%，而来自政府收入再分配政策效应的差异为 0.123（即我国和 OECD 国家在收入再分配效应上的差异），占比为 58.30%。从 OECD16 国的数据来看，我国与其人均可支配收入基尼系数的整体差异为 0.192，其中来自市场收入的差异为 0.037（占可支配收入基尼系数差异的 19.08%），来自政府收入再分配政策的差异为 0.156（占可支配收入基尼系数差异的 80.92%）。我国的市场收入基尼系数比 OECD22 国高出 0.163，其中 31.66% 来自市场因素上的差异，68.34% 来自政府再分配政策上的差异。这些对比结果均说明，在居民收入不平等上我国高出 OECD 各国的主要原因是我国收入再分配政策（尤其是转移支付）调节力度不足，而市场因素是次要的。

以下通过比较我国与 OECD 各国的可支配收入基尼系数和市场收入基尼系数来进一步考察我国政府收入再分配政策效应的强弱，表 2 - 5 给出了比较结果。

表 2 - 5　　中国与 OECD 国家收入再分配政策效应比较

	中国	OECD13 国	OECD16 国	OECD22 国
可支配收入	0.481	0.271	0.289	0.318
市场收入	0.520	0.432	0.483	0.468
	收入再分配效应			
总效应	-0.038	-0.160	-0.193	-0.150
其中：转移支付	0.029	0.121	0.156	0.119
个人所得税	0.009	0.039	0.038	0.031

续表

	中国	OECD13 国	OECD16 国	OECD22 国
	相对效应（%）			
总效应	100	100	100	100
其中：转移支付	76.30	75.63	80.83	79.33
个人所得税	23.70	24.38	19.69	20.67

数据来源：OECD13 国数据来自 Mahler 和 Jesuit（2006）；OECD16 国数据来自 Kristjánsson（2011）；OECD22 国数据来自 Milanovic（1999）；中国数据来自 2007 年 CHIP 调查。

表 2－5 显示，在收入再分配政策效应中转移支付和个人所得税的占比，我国为 76.30% 和 23.70%，而 OECD13 国为 75.63% 和 24.38%、OECD16 国为 80.83% 和 19.69%。OECD22 国的转移支付和个人所得税在降低市场基尼系数中的贡献分别为 79.33% 和 20.67%。这些数据都说明，在转移支付效应远远强于个人所得税这一点上，我国和 OECD 国家大体相同；不同的是，我国个人所得税的收入再分配效应强于 OECD 国家的相应水平。表 2－4、表 2－5 说明我国可支配收入基尼系数高于 OECD 国家的主要原因在于收入再分配政策力度不足，而非市场因素。我国转移支付政策的收入再分配效应相对 OECD 国家而言较低。

为了突出在市场决定的收入差距上，我国与 OECD 各国差距不大，但在政府收入再分配政策力度上，我国显著不足这一点，我们给出了表 2－6。该表展示了 2007 年 16 个 OECD 成员国的市场收入基尼系数与可支配收入基尼系数。其中许多国家的市场收入基尼系数并不低，甚至超过 0.5（如葡萄牙为 0.537、德国为 0.524、英国为 0.513 等），与我国 2007 年的基尼系数具有可比性。该表显示，OECD16 国基尼系数的平均值，人均市场收入为 0.483，人均总收入为 0.312，人均可支配收入为 0.289。可支配收入基尼系数较市场收入基尼系数低 0.193，这是政府转移支付和个人所得税两个政策工具总的收入再分配效应，其中来自转移支付的再分配效应为0.156，个人所得税的再分配效应为0.038，两者占比分别为80.5%和19.5%。这说明转移支付的收入再分配效应明显强于个人所得税和社会保障缴费。在收入再分配政策的效应大小上，各国有明显的差异。从基尼系数下降的绝对数来看，芬兰为最大，与市场收入基尼系数（0.492）相比，可支配收入基尼系数（0.267）下降了0.225，下降幅度为45.7%。从基尼系数下降的相对幅度来看，瑞典高于芬兰，与市场收入基尼系数相比，可支配收入基尼系数下降了47.8%。比较我国与OECD各国的市场收入和可支配收入基尼系数可知，在市场收入基尼系数上，我国和其他国家大致相同，但在可支配收入基尼系数上，我国显著高于其他国家。由此可见，在以可支配收入基尼系数衡量的居民收入不平等上，我国明显高于OECD各国的主要原因在于我国收入再分配政策的调节力度不够，而不是市场因素。

表2-6 2007年主要OECD国家不同收入的基尼系数*

国家	基尼系数		收入再分配政策效应			相对效应（%）	
	市场收入 ①	可支配收入 ②	总效应 ③ （=①-②）	转移支付 ④	个人所得税 ⑤	转移支付 ⑥（=④/③×100）	个人所得税 ⑦（=⑤/③×100）
芬兰	0.492	0.267	0.225	0.181	0.044	80.37	19.63
奥地利	0.488	0.267	0.221	0.181	0.040	81.73	18.27
瑞典	0.459	0.239	0.219	0.185	0.035	84.18	15.82
比利时	0.486	0.267	0.219	0.170	0.049	77.61	22.39
法国	0.485	0.266	0.219	0.190	0.030	86.46	13.54
德国	0.524	0.310	0.214	0.184	0.030	85.89	14.11
丹麦	0.472	0.262	0.210	0.176	0.034	83.83	16.17
荷兰	0.488	0.280	0.208	0.159	0.049	76.45	23.55

续表

国家	基尼系数		收入再分配政策效应			相对效应（%）	
	市场收入 ①	可支配收入 ②	总效应 ③ （=①-②）	转移支付 ④	个人所得税 ⑤	转移支付 ⑥（=④/③×100）	个人所得税 ⑦（=⑤/③×100）
挪威	0.450	0.250	0.201	0.166	0.035	82.54	17.46
爱尔兰	0.514	0.317	0.197	0.148	0.050	74.84	25.16
卢森堡	0.464	0.275	0.190	0.152	0.038	79.98	20.02
英国	0.513	0.332	0.181	0.138	0.043	76.09	23.91
意大利	0.503	0.325	0.177	0.139	0.039	78.30	21.70
葡萄牙	0.537	0.370	0.168	0.122	0.046	72.85	27.15
西班牙	0.458	0.314	0.144	0.122	0.022	84.81	15.19
冰岛	0.393	0.291	0.102	0.081	0.021	79.73	20.27
平均值	0.483	0.289	0.193	0.156	0.038	80.50	19.50
中国	0.511	0.469	0.042	0.028	0.013	67.8	32.2

注：由于篇幅的限制，该表没有给出人均总收入的基尼系数；表中的 OECD 国家按收入再分配政策总效应由高到低进行了排序。数据来源：Kristjánsson（2011）。

在政府收入再分配政策效应上，我国与 OECD 国家之间的主要区别在于，我国的政策效果相对弱，而 OECD 国家的调节力度非常强。但是，两者之间也有共同之处。在转移支付和个人所得税两项政策工具的收入再分配效应强弱上，前者显著强于后者。这一点在其他文献中也得到了印证，如 Wolff（2007）、Kinam 和 Lambert（2009）分别通过对美国 1989 年和 2000 年、2004 年的数据研究发现，美国的再分配政策效应中转移支付明显强于个人所得税。英国国家统计局公布的统计报告显示，2007 年英国的市场收入基尼系数为 0.516，可支配收入基尼系数为 0.342，再分配政策使市场收入基尼系数下降了 0.174，其中转移支付的贡献为 79.9%，个人所得税的贡献为 20.1%。

(二) 我国与发展中国家的比较

我国与 OECD 国家之间的再分配政策效应对比结果在某种程度上是可以预料的。由于 OECD 各国为发达国家，其社会保障制度和其他收入再分配政策比较完善，因此政府政策对居民收入分配的调节力度较强，经过政府干预之后的居民收入不平等程度也会明显低于我国。那么，与经济发展水平大致相同的其他发展中国家相比，我国居民收入分配差距以及政府收入再分配政策又有哪些不同呢？一般而言，许多研究认为拉丁美洲国家的基尼系数普遍高于亚洲国家。例如，在 20 世纪末期拉丁美洲国家的基尼系数为 0.522，高于亚洲国家的 0.412 (Bird & Zolt，2005)；2005 年左右，拉丁美洲国家的基尼系数达到了 0.53，不平等程度比东亚国家高出 36% (Ferreira & Ravallion，2008)。为进一步发现我国与拉美国家在收入再分配政策效应上的差异，我们找到了部分拉美国家的数据，结果显示在表 2-7 中。

表 2-7　　拉美国家不同收入的基尼系数

国　家	市场收入	净市场收入	可支配收入	可支配收入 - 市场收入
阿根廷 (城镇)	0.479	0.480	0.431	-0.048
玻利维亚	0.550	0.550	0.537	-0.013
巴西	0.572	0.560	0.546	-0.026
墨西哥	0.511	0.502	0.493	-0.018
秘鲁	0.504	0.495	0.492	-0.012

注：表中的收入均为人均值。净市场收入等于市场收入减去个人所得税和社会保障缴费；可支配收入等于净市场收入加上来自政府的转移性收入。数据来源：Lustig (2011)。

表 2-7 中的收入定义与本书之前采用的标准略有不同，差异表现在从市场收入得到可支配收入的顺序上。表 2-7 中的净市场收入等于市场收入减去个人所得税和社会保障缴

费，由此进一步加上来自政府的转移性收入，得到可支配收入。与此不同，之前列举的文献中的收入定义为：首先由市场收入加上来自政府的转移性收入得到总收入，从总收入中扣除个人所得税和社会保障缴费，则得到可支配收入。由此可见，两种收入定义的区别在于转移支付和个人所得税的加减顺序。随着加减顺序的变化，衡量转移支付和个人所得税的收入再分配效应的办法也发生了变化。净市场收入基尼系数与市场收入基尼系数之差为个人所得税和社会保障缴费收入再分配效应的衡量指标，可支配收入基尼系数减去净市场收入的基尼系数则反映了政府转移支付收入再分配效果的大小。

把上述我国居民收入基尼系数估计值与表 2－7 中的拉美国家比较可知，在市场收入基尼系数上，除了阿根廷之外，其余四国与我国 2007 年的数值大致相同或略高于我国，但在可支配收入基尼系数上，我国略低于这里的四个国家①，这表明，在政府的收入再分配效应上，我国较拉美国家更强一些。把我国城镇数据与阿根廷城镇数据相比，也可以明显看出我国政府政策收入再分配效应更强一些。另外，在转移支付和个人所得税的收入再分配效应相对强度上，此处的拉美国家也显示出转移支付强于个人所得税的现象。这一点与我国和 OECD 各国的情况相似。

综合以上国际比较可知，我国由人均可支配收入基尼系数体现的居民收入不平等程度显著高于 OECD 各国的平均值。这主要是由我国政府收入再分配政策力度不足导致的，而市场因素是次要的。我国居民收入不平等程度略低于拉美

① 考虑到我国城镇以及全国基尼系数低估的偏差，在以基尼系数衡量的收入不平等上，我国与拉美国家或许没有太大差异。

国家，这说明与部分拉美国家相比，我国政府再分配政策对居民收入不平等的调节力度更强一些。

第四节 结论和预测：财政政策的调整与我国居民收入不平等改善的希望

市场因素和政府的收入再分配政策是决定一国居民收入不平等的重要因素。通过与 OECD 国家比较可知，在由市场因素决定的居民收入差距上，我国略高于 OECD 国家，但相差不大。我国可支配收入不平等程度显著高于 OECD 各国，其主要原因在于我国政府收入再分配政策的调节力度较发达国家而言不足。

本章的政策含义十分明显：加强政府收入再分配政策的调节作用，即增加财政政策对低收入人口的转移支付并且提高个人所得税平均税率是改善我国居民收入高度不平等状况的主要手段。期待市场因素（如库兹涅茨曲线转折点的到来等）显著缩小我国居民收入差距是不现实的。根据国家统计局公布的 2003 ~ 2014 年全国居民可支配收入基尼系数可知，我国居民收入差距自 2009 年起出现了“六连降”现象。如果导致收入差距缩小的原因是近年来政府社会保障投入的不断增加和社会保障政策的不断完善，那么我国在改善居民收入分配状况的道路上迈出了一大步。社会保障力度的加大和政策瞄准精确度的提高将为缓和目前我国居民收入高度不平等的态势提供重要助力。

通过增加社保投入的做法缩小我国居民收入差距并非易

事。由于社会保障等民生性支出刚性较强，其规模一旦增大便很难在短时间内缩减。因此有人认为社会保障投入的增加将使未来的中国财政乃至整个中国经济面临沉重的负担。虽然这种预测在多大程度上是合理的还有待于进一步考证，但社会保障制度的完善和对低收入人口扶持力度的增大，不仅有利于我国居民收入高度不平等态势的缓解和社会公正性的增强，同时有助于推动我国当前经济增长方式的转型以及纠正过去以投资为主的财政支出模式。

第三章

中国社会保障支出的收入分配效应研究①

第一节 引 言

社会保障制度是保障和改善民生、促进社会公平正义的重要制度之一。越来越多的国家已经建立了社会保障制度。社会保障支出是许多国家政府公共支出主要的组成部分，在缩小居民收入差距方面发挥着重要作用。许多国际经验表明，发达国家居民收入分配改善的主要原因在于政

① 本章主要内容发表在《经济社会体制比较》2018 年第 1 期（蔡萌、岳希明：《中国社会保障支出的收入分配效应》）。

府的再分配政策，而非市场性因素。Kristjánsson（2011）对意大利、卢森堡、英国等16个OECD成员国三种定义居民收入基尼系数的研究结果显示，2007年16个OECD成员国的市场收入基尼系数为0.483，可支配收入基尼系数为0.289，政府再分配政策使市场收入基尼系数下降了0.193，其中政府用于社会保障的转移性支出的贡献度为80.83%，远远高于来自居民的个人所得税和社会保障缴费。Milanovic（1999）、Mahler和Jesuit（2006）对多个OECD国家从1967年到2000年间居民收入分配状况的研究结果也表明，转移性支出和个人所得税可以使居民收入不平等指数下降，而其中政府转移性支出的作用尤其重要，其对收入不平等改善的贡献率近80%。与以OECD为代表的发达国家类似，部分发展中国家的社会保障支出也表现出明显缩小收入差距的作用。我们通过计算Lustig（2011）提供的拉美国家数据发现，巴西、墨西哥等部分拉美国家的政府转移性支出也具有较强的收入再分配效应，可以解释居民收入分配改善的75.2%。可见，无论从发达国家还是发展中国家的经验来看，社会保障支出都是政府改善居民收入分配的最主要力量。并且，市场因素并不是解释我国与发达国家收入分配差异的关键，政府收入再分配政策效果不明显才是导致我国居民收入分配不平等状况较发达国家严重的主要原因（蔡萌、岳希明，2016）。因此，实现缩小居民收入差距、促进社会公平的目标就不能忽视对以社会保障支出为代表的政府再分配政策的研究。

社会保障支出再分配效应的实现程度与其规模大小息息相关。一般而言，大多数发达国家都具备较高的社会保障支出规模。那么与其他国家相比，我国的社会保障支出规模是高是低呢？比较不同国家社会保障支出水平时，我们通常使用社会保障支出占 GDP 的比重这一指标。例如，1995 年，英国、瑞典、芬兰、丹麦、美国、日本等八国的社会保障支出占 GDP 的比重平均为 32.2%[①]。另外，社会保障支出水平与经济发展水平也有着密切的关系，用人均 GDP 衡量一国经济发展水平的话，人均 GDP 越高的国家（经济发展水平越高），其社会保障支出水平也越高，即社会保障支出水平与经济发展之间成正比关系。图 3－1 描绘了 2012 年世界 56 个国家和地区的社会保障支出占 GDP 比重与人均 GDP 的关系图，其中的人均 GDP 为国别可比值。选择 2012 年的缘故是数据较新，且数据可利用国家较多。

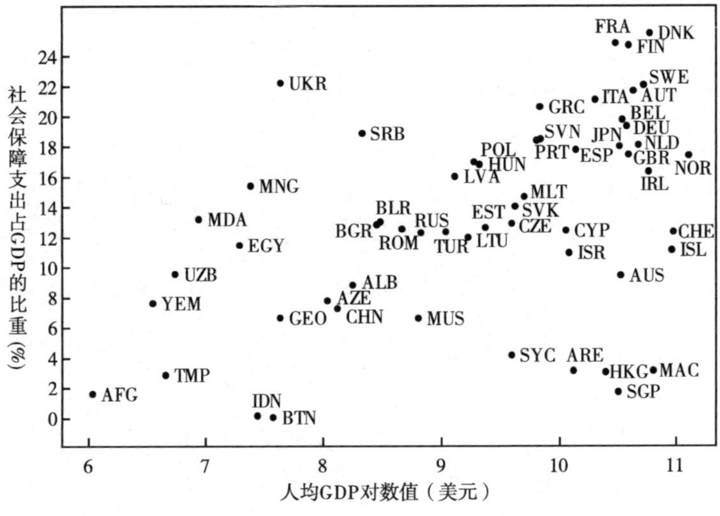

图 3－1　2012 年人均 GDP 与社会保障支出占 GDP 比重的关系

数据来源：GFS 和 WDI。

从图 3－1 可以看出，人均 GDP 与社会保障支出占

① 根据 OECD in Figures 数据整理。

GDP 比重之间存在明显的正相关关系，即社会保障支出随人均 GDP 的上升而上升。把社会保障支出占 GDP 比重对人均 GDP 回归后，即可计算与人均 GDP 对应的社会保障支出水平的预测值，按中国人均 GDP 计算的预测值是 10.5%，而中国的实际值为 7.2%。这意味着，即使考虑人均 GDP 水平，中国的社会保障支出规模也是偏低的。这一发现与在其他研究中的发现相呼应。例如，陈共认为，应提高转移性支出在财政支出中的比重（陈共，2000）；财政部社会保障司课题组（2007）指出 2002～2006 年，中国的社会保障水平在 5.41%～5.60%，既低于美国、德国、法国等发达国家的社保支出水平，也低于同为发展中国家的哈萨克斯坦、波兰和匈牙利以及拉美的阿根廷、巴西和乌拉圭。

一方面，从宏观上研究社会保障支出规模等问题是必要的，但如果想了解社保支出对居民收入分配的作用方向和程度，即具体的社会保障支出项目到底扩大了收入差距还是缩小了收入差距，其作用强度如何？要回答这些问题就必须从微观数据入手，研究社会保障支出对居民收入的再分配效应。这是本章要实现的研究目的。另一方面，在我国，影响收入分配的政府社会保障支出项目种类较多，且不同的社会保障支出项目作用于收入差距的机制和方向也不同，因此全面地评价我国目前所有社会保障支出政策工具的收入分配效应是十分困难和复杂的。对此，本章把考察对象限定在养老金或离退休金、低保等主要社会保障支出上，通过对不平等指数的计算和分解来考察以社会保障支出为代表的政府再分配政策对我国居民收入不平等的影响。

第二节 我国社会保障支出的项目与规模

一、我国社会保障支出的主要项目

改革开放以来，中国的社会保障制度建设进入了快速发展时期，保障力度逐渐加大，制度建设日益完善。21世纪以前，除了少部分社会救助项目，农村居民养老主要靠个人和家庭。直到2009年，国务院通过了新型农村养老保险的基本方案。最初的新型农村养老保险仅仅覆盖全国人口的10%左右，目前已经基本扩展到全国的农村地区。城市的最低生活保障制度（简称低保）建立于20世纪90年代末期（李实等，2013）。低保制度的保障对象是家庭人均收入低于当地最低生活保障标准的、持有非农业户口的城市居民，保障标准由各地政府根据当地生活费用和政府财力自行确定。上海是最早实行低保制度的试点城市。1997年，国务院宣布到1999年，最低生活保障制度要覆盖到所有城市和县城。1996年，民政部制定了“以点带面、分步实施”的农村最低生活保障制度指导方案。2001年，浙江成为全国首个以法规形式将农民列入社会保障范围的省份。2004年，全国共8省1206个县（市）建立了农村最低生活保障制度，有488万村民、235.9万户家庭得到了农村最低生活保障，其中北京、上海、天津、广东、浙江、江苏已全面实行农村最低生活保障制度（刘坚，2006）。

此外，针对农村的再分配政策还有新型合作医疗、退耕还林、退牧还草、粮食良种补助制度等。2003 年起，农村新型合作医疗制度（简称新农合）在各省、自治区、直辖市的 2～3 个县（市）先行试点。2004 年，新农合医疗试点在各地稳步推进。2005 年，中西部按照一个市有一个试点县的原则扩大试点。2002 年我国全面启动退耕还林工程，其范围从以西部为主的 20 个省（区、市）扩展到安徽、西藏、海南、北京、天津等全国 25 个省（区、市）及新疆生产建设兵团，工程县 1897 个。到 2003 年底，退耕还林举措覆盖了全国 2 万多个乡镇、10 万余村、6000 多万农户（刘坚，2006）。对退耕户的补助从 2004 年开始由粮食补助改为现金补助。2001 年，内蒙古、宁夏、新疆三个自治区实行退牧还草试点。2003 年起国家启动退牧还草工程。2003 年、2004 年是工程试点期，在甘肃、内蒙古、新疆、青海、宁夏试行。粮食良种补贴政策于 2003 年开始实行，最初的良种补贴为大豆、小麦，补贴规模达 3 亿元。补贴区域为内蒙古、辽宁、吉林、黑龙江、河北、河南、山东、江苏、安徽 9 省。2004 年补贴规模达 10 亿余元，区域扩大到 13 个粮食主产省区。

二、我国社会保障支出的规模

关于社会保障支出内容和统计范围的争论较大，由此得到的社会保障支出的规模也相差甚远。为增进国际比较，我们使用 IMF 政府财政统计（Government Finance Statistics，GFS）的定义。GFS 的社会保障支出为政府功能分类的“部门 10（division 10）”，即“社会保护（social protection）”，它由个人服务和团体服务两部分组成，个人服务是政府向个人或家庭提供服务和转移支付（transfer）时发生的支出，团体服务则是社会保障相关政策的制定和实施等管理性支出。

在我国，财政预算科目于2007年发生了变化，2006年之前，政府收支分类科目中的抚恤和社会福利救济费、社会保障补助支出、行政事业单位离退休经费为财政社会保障支出。2007年执行新的政府收支分类科目后，财政部认可的按国际统计口径计算财政社保支出包括社会保障和就业支出、医疗保障和保障性安居工程支出三项预算科目。社会保险支出是一国社会保障总支出的重要组成部分，在我国，社会保险收支独立于一般政府预算，因此我国社会保障总支出应为社会保险支出和财政社会保障支出的合计。另外，我国社会保险支出的一部分是由财政对社会保险基金的补助筹集的，为避免重复计算，这部分应当予以剔除。因此，我国社会保障总支出实际上等于社会保险基金支出与财政社会保障支出之和，减去财政对社会保险基金的补助。按照这一口径，我们整理了2009~2014年我国社会保障总支出，发现我国社会保障总支出占GDP的比重直线上升，自2009年的6.09%上升至2014年的8.20%，说明我国社保支出的（名义）增长率高于GDP的增长。财政社保支出占财政支出总额的比重，2011年之前明显上升，之后基本维持在15.5%的水平，说明社保支出的增长并未明显超过整体财政支出的增长（见表3-1）。

表3-1　近年来社会保障支出的规模

年份	社会保险基金支出（亿元）	财政社会保障支出*（亿元）	财政对社会保险基金的补助（亿元）	社会保障总支出（亿元）	社会保障总支出占GDP的比重（%）	财政社会保障支出占财政总支出比重（%）
1998	1637	596	22	2211	2.62	5.52
1999	2108	1197	170	3136	3.50	9.08
2000	2386	1518	299	3605	3.63	9.55
2001	2748	1987	343	4392	4.01	10.51

续表

年份	社会保险基金支出（亿元）	财政社会保障支出*（亿元）	财政对社会保险基金的补助（亿元）	社会保障总支出（亿元）	社会保障总支出占 GDP 的比重（%）	财政社会保障支出占财政总支出比重（%）
2002	3472	2636	517	5590	4.65	11.95
2003	4016	2656	494	6178	4.55	10.77
2004	4627	3116	520	7224	4.52	10.94
2005	5401	3699	577	8522	4.65	10.90
2006	6477	4362	889	9950	4.70	10.79
2007	7888	5447	1275	12060	4.83	10.94
2008	9925	8225	1631	16520	5.26	13.14
2009	12303	10225	1777	20751	6.09	13.40
2010	14819	12587	2310	25096	6.25	14.01
2011	18055	16970	3152	31872	6.74	15.53
2012	22182	19392	3828	37745	7.07	15.40
2013	27916	21798	4403	45311	7.71	15.55
2014	33003	24233	5043	52193	8.20	15.97

数据来源：1990～1999 年社会保险基金支出来自《中国劳动统计年鉴 2003》表 11－25，第 553 页。2000～2013 年社会保险基金支出来自《中国人力资源和社会保障年鉴工作卷 2014》表 5－1，第 746－748 页。2014 年社保基金支出来自人力资源和社会保障部网站“人力资源和社会保障事业发展统计公报”。1998～2006 年财政社会保障支出来自《中国财政年鉴 2010》457 页“1998～2006 年全国财政社会保障支出情况表”；财政对社保基金的补助来自《中国财政年鉴 2008》425 页“1998～2007 年全国社会保障支出情况表”；2007 年财政社会保障支出仅包括社会保障和就业，医疗保障支出无法从医疗支出中分离出来，数据来自《中国财政年鉴 2008》337 页“2007 年国家财政预算、决算收支”。2008 年财政社会保障支出数据等于社会保障和就业支出与医疗保障支出之和，来自 2008 年全国财政支出决算表，财政部网站下载。2007 年、2008 年财政对社保基金的补助数据来自《中国财政年鉴 2010》458 页“2007～2009 年全国财政社会保障支出情况表”。1990～2008 年财政支出数据来自《中国财政年鉴 2009》473 页“国家财政收支总额及增长速度表（不包括国内外债务部分）”。1990～2008 年 GDP 数据来自《中国财政年鉴 2009》475 页“国家财政收入占国内生产总值的比重”。2009～2014 年财政相关数据来自财政部网站“全国一般（公共）财政支出决算表”；GDP 来自国家统计局网站。

表 3－2 提供我国社会保障基金支出构成的信息，由此可知，养老保险支出在整体社会保险支出中占绝对比重，但其趋势是下降的，由 1995 年的 96.6% 下降到 2013 年的 71%。与此同时，医疗保险支出持续上升，由 1995 年 0.8% 上升至

2013 年 24.4%，现已成为我国社会保险的第二大支出。

表 3-2　1990~2014 年我国社会保险基金支出总额和构成

年份	总额（亿元）	基本养老保险（%）	失业保险（%）	基本医疗保险（%）	工伤保险（%）	生育保险（%）
1990	152	98.3	1.6	—	—	—
1991	176	98.3	1.7	—	—	—
1992	327	98.4	1.6	—	—	—
1993	482	97.6	1.9	0.3	0.1	0.1
1994	680	97.2	2.1	0.4	0.1	0.1
1995	877	96.6	2.2	0.8	0.2	0.2
1996	1082	95.3	2.5	1.5	0.3	0.3
1997	1339	93.4	2.7	3.0	0.5	0.4
1998	1637	92.3	3.4	3.3	0.5	0.4
1999	2108	91.3	4.3	3.3	0.7	0.3
2000	2386	88.7	5.2	5.2	0.6	0.3
2001	2748	84.5	5.7	8.9	0.6	0.3
2002	3472	81.9	5.4	11.8	0.6	0.4
2003	4016	77.7	5.0	16.3	0.7	0.3
2004	4628	75.7	4.6	18.6	0.7	0.4
2005	5401	74.8	3.8	20.0	0.9	0.5
2006	6477	75.6	3.1	19.7	1.1	0.6
2007	7888	75.6	2.8	19.8	1.1	0.7
2008	9925	74.5	2.6	21.0	1.3	0.7
2009	12303	72.3	3.0	22.7	1.3	0.7
2010	15019	71.6	2.8	23.6	1.3	0.7
2011	18653	71.6	2.3	23.8	1.5	0.7
2012	22802	71.0	2.0	24.3	1.8	1.0
2013	27916	71.0	1.9	24.4	1.7	1.0
2014	33003	70.7	1.9	24.6	1.7	1.1

数据来源：1990~1999 年数据来自《中国劳动统计年鉴 2003》表 11-25，第 553 页；2000~2013 年数据来自《中国人力资源和社会保障年鉴工作卷 2014》表 5-1，第 746~748 页。2014 年数据来自人力资源和社会保障部网站“人力资源和社会保障事业发展统计公报”。

由上述可知，财政社会保障支出包括社会保障和就业支出、医疗保障和保障性安居工程支出三项预算科目，其中的社会保障和就业支出与其他两项相比，不仅金额大，同时还包括最低生活保障支出等重要的支出科目。为了考察城乡居民最低生活保障支出的相对规模，表3－3显示了社会保障与就业支出的主要构成项目，由此可以看出，除了财政对社会保险基金的补助之外，行政事业单位离退休金的规模最大，占比在2014年为23%，与此相比，城乡居民最低生活保障占比较低，同年为10.1%。

表3－3　　1998～2014年社会保障和就业支出的规模和构成

年份	绝对额（亿元）	财政对社会保险基金的补助（%）	行政事业单位离退休金（%）	就业补助（%）	城市居民最低生活保障（%）	农村居民最低生活保障（%）	自然灾害生活救助（%）	其他（%）
1998	596	3.62	46.06	1.09	1.49	—	8.82	38.92
1999	1197	14.17	32.90	0.34	1.50	—	2.70	48.39
2000	1518	19.68	31.54	0.42	1.74	—	2.05	44.57
2001	1987	17.26	31.43	0.34	2.30	—	1.80	46.86
2002	2636	19.62	29.92	0.43	3.86	—	1.46	44.70
2003	2656	18.60	33.70	3.74	6.05	—	2.14	35.78
2004	3116	16.68	32.99	4.18	5.74	—	1.57	38.84
2005	3699	15.61	31.49	4.35	5.36	—	1.70	41.49
2006	4362	20.38	30.50	7.92	5.53	—	1.63	34.05
2007	5447	23.41	28.77	6.81	5.43	—	1.68	33.90
2008	6804	23.97	26.64	6.09	6.05	—	5.25	32.01
2009	7607	23.36	27.51	6.72	6.81	—	1.61	33.99
2010	9131	25.30	25.78	6.84	5.91	4.89	3.65	32.52
2011	11109	28.38	24.64	6.03	6.08	7.29	2.09	32.78
2012	12586	30.42	22.63	5.85	5.29	7.65	2.16	33.64
2013	14491	30.39	22.14	5.68	5.27	9.43	1.66	34.87
2014	15969	31.58	22.97	5.45	4.62	9.52	1.32	34.06

数据来源：1988～2006年数据来自《中国财政年鉴2008》425页“1998～2007年全国社会保障支出情况表”；2007～2014年数据来自财政部网站“全国一般（公共）财政支出决算表”。

第三节 数据来源和实证方法

一、数据来源

本章使用的住户数据来自中国家庭收入调查项目（CHIP），该项目为入户调查，目前收集数据的年份为1988年、1995年、2002年、2007年和2013年。CHIP样本全部来自国家统计局“住户收支与生活状况调查”的大样本。分省住户调查的抽样方法由国家统计局制定。[①] 抽中调查小区5年内保持不变。抽中住宅2年内保持不变，每年轮换一半。在国家统计局大样本的基础上，CHIP项目在设计抽样程序的过程中兼顾了样本抽选的随机性、在收入指标上对大样本的代表性以及便于调查组织实施这3个抽样原则，采取分层抽样、整群抽样、随机等距抽样相结合的方法进行了样本抽选。抽样具体步骤为：首先确定各市县的样本量；然后确定需要抽选的市辖区个数以及县和县级市个数；在此基础上抽取市辖区、县及县级市，最后抽选样本户。

① 样本量按满足以下代表性需求的标准确定：在95%的置信度下，分省居民及分省分城乡居民人均可支配收入、消费支出以及主要收入项和消费项的抽样误差控制在3%以内（个别人口较少的省在5%以内）。由此汇总生成的全国居民及全国分城乡居民人均可支配收入和消费支出抽样误差控制在1%以内，主要收入项和消费项的抽样误差控制在3%以内。国家统计局使用统一的抽样框，以省为总体，在对县级调查网点代表性进行评估的基础上采用分层、多阶段随机抽样方法抽选调查住宅，确定调查户。

本章所用数据为 CHIP 项目 2013 年住户调查，样本户数为 18128 户、样本人数为 62603 人，包括农村住户、城镇户籍住户以及居住在城镇的农村流动人口住户，其中农村 10551 户、39421 人；城镇 6866 户、20339 人；流动人口 711 户、2843 人。样本涉及北京、辽宁、广东、江苏、山东、山西、安徽、河南、湖北、湖南、重庆、四川、云南、甘肃、新疆这 15 个省份。我们按照全国各地区的农村、城镇、流动人口数对样本进行了加权，由此估计的人均收入水平和基尼系数具有全国代表性。

二、实证方法

本章通过计算 MT 指数和 P 指数来考察不同社会保障支出的再分配效应。MT 指数分解方法是研究财税政策再分配效应中常用、重要的方法。Musgrave 和 Thin（1948）提出的 MT 指数，也叫再分配指数，用公式表示为：

$$MT = G_X - G_Y \tag{3-1}$$

其中，G_X和G_Y分别表示某项政策工具介入前、后的基尼系数。如果政策具有改善收入不平等的效应，G_Y会小于G_X，MT 指数为正值。相反，如果政策具有加大收入差距的效应，MT 指数将是一个负值。Kakwani（1984）通过对 MT 指数进行分解得到了再分配指数和税收累进性 P 指数之间的关系，用公式可表示为：

$$MT = (C_Y - G_Y) + \frac{t}{1-t}P \tag{3-2}$$

由于 MT 指数不仅仅适用于税收，也同样可用于其他政策再分配效应的研究（陈宗胜等，2016）。这里以本章所研究的社会保障支出为例来解释以上分解公式。上式中，C_Y代表按照社会保障支出转入前的收入排序的包括社会保障支出的可支配收入集中率，G_Y代表包括社会保障的可支配收入基尼系数。t 值等于社会保障支出水平与社会保障支出转入前可支配收入的比值，我们称之为“社会保障补贴率”。

式（3－2）中的 P 代表 Kakwani（1977）提出的测度税收累进性或累退性的指标 P 指数，它显示税收对收入不平等的作用方向。通过税收集中度的大小我们可以判断税收的累进性（或累退性）。

在本章中，P 代表社会保障支出的累进（退）性指数。与税收相反，社会保障支出的累进性越强，代表其分配越偏向于富人；反之，累退的社会保障支出是有利于低收入人群的。P 等于社会保障支出集中率与总收入基尼系数的差值，当集中度与总收入基尼系数相等时（也就是 P 指数为 0 时），社会保障支出与居民总收入收入在总人口中的分布是完全相同的，也就是说每个人在政府社会保障支出总额中的比重等于他在收入总额中的比重。如果社会保障支出集中度大于总收入基尼系数（也就是 P 指数是正值），则意味着社会保障支出的分布偏重于高收入人群，或者说高收入人群的社会保障补贴率高于低收入人群，社会保障支出是累进的。P 指数的值越大，社会保障支出的累进程度越强。若 P 指数小于 0，说明社会保障支出是累退的。

第四节 实证结果及分析

前文通过宏观数据考察了我国社会保障支出的规模和构成，本节运用微观住户数据分析社会保障支出的居民收入分配效应，具体要回答的问题为：离退休金、养老保险、低保以及报销医疗费等主要社会保障支出，是在扩大居民收入差距，还是在缩小居民收入差距？

表3－4展示了全国、农村、城镇、流动人口的主要社会保障支出的人均值，其目的是显示主要社会保障支出分配的不平等。从该表可以看出，对农村、城镇、流动人口来说，离退休金在各项主要的社会保障支出中人均值最高，其次是城镇居民社会养老保险、报销医疗费、新型农村养老保险和最低生活保障。城镇户籍居民的人均离退休金为5406元，是农村居民的21.7倍、流动人口的17倍。这意味着离退休金在城乡居民之间、城镇常住人口内部的分布都非常不均等。类似的还有报销医疗费，城镇居民的人均报销医疗费是农村居民的2.1倍、流动人口的10.2倍。城镇居民人均低保收入是农村居民的1.5倍、流动人口的21倍，说明最低生活保障的城乡差距小于离退休金，但不具备城镇户籍的流动人口可获得的低保收入水平非常低。农村居民人均值高于城镇居民的社会保障支出项目为社会救济、新型农村养老保险以及退耕还林还草补贴、粮食直接补贴等现金政策性惠农补贴。其中，农村居民的人均社会救济收入为29元，是城镇居民的1.4倍、流动人口的9.7倍。可见，除离退休金外，流动人口的主要社会保障支出人均值均低于城镇和农村居民。此外，在农村居民内部，人均粮食直接补贴水平要高于退耕还林还草补贴。

表3－4　　主要社会保障支出项目的人均水平　　单位：元

主要社会保障支出	全国	农村	城镇	流动人口
离退休金	2369	249	5406	317
城镇居民社会养老保险	168	46	357	10
新型农村养老保险	61	106	27	8

续表

主要社会保障支出	全国	农村	城镇	流动人口
其他养老金	24	22	34	1
最低生活保障	32	31	42	2
社会救济	22	29	21	3
报销医疗费	110	82	173	17
退耕还林还草补贴	6	12	2	1
粮食直接补贴	25	52	2	3
其他现金政策性惠农补贴	26	54	3	4

表3－5显示，如果不考虑社会保障支出，全国居民人均可支配收入的基尼系数为0.4689，总收入中加入来自政府的社会保障支出后，居民人均可支配收入基尼系数变为0.4440。可见经过社会保障支出的调节，居民收入不平等指数下降了0.0249，这意味着我国的社会保障支出具有改善收入分配的作用。若不包括社会保障支出，农村居民可支配收入基尼系数为0.4307，城镇居民可支配收入基尼系数为0.4298；包括社会保障支出后，农村居民和城镇居民的可支配收入基尼系数下降到0.4150和0.3542，分别下降了0.0157和0.0756。可见，社会保障支出在农村和城镇内部均具有缩小收入差距的作用，但社会保障支出对城镇居民的收入分配效应更大。社会保障支出对流动人口的收入分配作用最小，社会保障支出的转入仅使流动人口的可支配收入基尼系数降低了0.0037。此外值得注意的是，不包括社会保障支出时，城乡收入比为2.4（24411元/10322元），但加入社会保障支出后，城乡收入比扩大到了2.8（30514元/11039元）。这意味着经过社会保障支出的调节，城乡居民之间的收入差距反而扩大了，社会保障支出产生了“逆向调节”。这一点与王延中等（2016）的研究结论一致。

表 3－5　　　　社会保障支出对基尼系数的影响

人口分组	不包括社会保障支出		包括社会保障支出		再分配效应
	人均收入（元）	基尼系数	人均收入（元）	基尼系数	
全国	17616	0.4689	20493	0.4440	0.0249
农村	10322	0.4307	11039	0.4150	0.0157
城镇	24411	0.4298	30514	0.3542	0.0756
流动人口	21805	0.3549	22181	0.3512	0.0037

从表 3－6 可以看出，2013 年城乡居民人均可支配收入中，工资收入占比最高，为 55.72%，其次为转移性收入、经营收入、自有住房折算租金和财产收入，占比分别为 16.21%、15.30%、12.73% 和 3.56%。转移收入包括来自政府的转移性收入和来自非政府的转移性收入，前者为后者的 6.8 倍。来自政府的社会保障支出（对居民而言为社会保障收入）为我们考察的重点，表中显示社会保障支出的主要构成项目。从表中可知，社会保障支出主要为离退休金，其占比为 82.3%（11.56% ÷14.04% ×100），其余按占比由大到小依次是城镇居民社会养老保险、报销医疗费、农村居民养老金、现金政策性惠农补贴、城乡居民低保和社会救济，其占人均总收入的比重分别是 0.82%、0.54%、0.30%、0.28%、0.16% 和 0.11%。上述所列各项占主要社会保障支出的 98%。

表 3－6　　　　人均可支配收入基尼系数与分项收入集中率

收入来源	基尼系数和集中率*	收入比重（%）	P 指数
总收入	0.4440	100.00	
工资性收入	0.4813	55.72	0.0373
经营净收入	0.2608	15.30	－0.1832
财产净收入	0.5503	3.56	0.1063
自有住房折算租金	0.4581	12.73	0.0141
转移性收入	0.4612	16.21	0.0172

续表

收入来源	基尼系数和集中率*	收入比重（%）	P 指数
其中：来自政府	0.5236	14.14	0.0796
社会保障总支出	0.5265	14.04	0.0825
离退休金	0.5954	11.56	0.1514
城镇居民社会养老保险	0.4833	0.82	0.0393
新型农村养老保险	-0.0294	0.30	-0.4734
其他养老金	0.2476	0.12	-0.1964
最低生活保障	-0.3580	0.16	-0.8020
社会救济	-0.1319	0.11	-0.5759
报销医疗费	0.4401	0.54	-0.0039
现金政策性惠农补贴	-0.3346	0.28	-0.7786
其中：来自非政府	0.0356	2.07	-0.4084

注：*此栏中数字除总收入为基尼系数外，其他均为集中率。社会保障支出的几项构成并未包括所有的社会保障支出，故所列分项构成并不等于来自政府转移收入的总数。

以下考察主要社会保障支出的居民收入分配效应。社会保障支出为人均可支配收入的来源之一，因此以下按分项收入对总收入差距贡献的方法进行考察。某项收入构成（或分项收入）对总收入差距的效应由该项收入（按总收入排序计算的）集中率与总收入的基尼系数之间的大小关系决定。如果某一分项收入的集中率大于总收入的基尼系数，则 P 指数大于 0，说明该分项收入较总收入分配得更不平均，其大部分集中于高收入人群，而低收入人口得到的却较少（如财产收入），因此为扩大总收入差距的因素。当该项收入在总收入中的占比提高时①，总收入的基尼系数会随之上升，即总收入的不平等程度将加剧。表 3-6 第二列的“基尼系数和

① 严格地讲，“某一分项收入占总收入的比重提高”指的是，每个人的该项收入按同一比率增长，即保持该分项收入的分布不变。该分项收入占比变化的同时，其分布也发生变化的话，其对总收入差距的效应则是不定的。

集中率”给出了总收入的基尼系数及其分项收入的集中率，因此通过比较分项收入集中率与总收入基尼系数大小，即可判断每个分项收入对总收入差距的作用方向。

表3－6第二列的基尼系数与集中率显示，人均可支配收入总额的各项构成中，工资收入、财产收入、自有住房折算租金和转移性收入的集中率均高于总收入的基尼系数（财产收入尤为如此），因此为扩大居民收入整体差距的因素。与此相反，经营收入的集中率低于总收入的基尼系数，因此为居民收入差距的缩小因素。

我们关注的焦点为社会保障支出的分配效应，并对此进行考察。社会保障支出的集中率为0.5265，显著高于0.4440，P指数大于0，由此可以说，社会保障支出发挥着扩大居民收入差距的作用。换句话说，按照目前政府转移收入在居民之间的分配，政府进一步增加社会保障支出，将扩大居民收入差距。政府的社会保障支出是由不同的项目构成的，其中有离退休金、养老保险、低保和报销医疗费等，不同项目的社会保障支出，其收入分配效应是不同的，甚至是相反的，社会保障支出对收入差距的负面效应，实际上是各种不同转移支付项目相互作用、相互抵消的结果，因此有必要对社会保障支出的分项进行考察。分项社会保障支出中，离退休金的集中率最大，为0.5954，实际上与各分项收入相比最高，远高于总收入的基尼系数，因此为扩大居民收入差距的力量。城镇居民社会养老保险的集中率也超过了总收入的基尼系数，虽然超出幅度不及离退休金，但仍然是加大居民收入不平等的因素。换句话说，按照目前城镇居民社会养老保险的制度设计，高收入人群从中受益程度较低收入人群更大。集中率低于总收入基尼系数的政府转移收入有城乡低保、新型农村养老保险、社会救济、现金政策性惠农补贴。报销医疗费的集中率略微低于总收入的基尼系数，从边际效应来看对总收入差距缩小力量较弱。城乡低保的集中率为 -0.3580，是人均可支配收入的所有构成项目中集中率最低的，或者说对低收入人群倾向最强的收入构成。这说明，它不但是缩小居民收入不平等的力量，而且在金额相对的情况下，在缩小总收入差距上，它的力量最大。

通过比较分项收入集中率与总收入基尼系数的方法来评价社会保障支出的收入分配效应，虽十分精确但欠简单明了。下面通过收入分组的办法，通俗易懂地分析不同社会保障支出的收入分配效应（见表 3 -7a、表 3 -7b）。

表 3 -7a　主要社会保障支出在收入（不包括社会保障支出）十等分组的分布

单位:%

收入十等分组	总收入	离退休金	城镇居民社会养老保险	新型农村养老保险	最低生活保障	社会救济	报销医疗费	政策性惠农补贴
1	0.62	18.41	10.09	12.76	29.15	18.84	16.91	19.80
2	2.55	10.70	8.04	12.59	19.42	17.55	10.58	19.02
3	3.71	8.99	14.21	12.57	11.20	14.39	11.07	15.94
4	4.97	10.12	12.18	9.79	11.95	11.79	8.23	14.37
5	6.40	9.41	12.76	14.83	10.67	7.02	8.02	11.3
6	8.13	7.85	11.04	9.85	6.53	10.08	6.33	8.32
7	10.24	8.58	10.01	8.20	5.46	6.81	11.04	5.29
8	13.06	8.03	5.22	8.82	4.63	6.91	6.74	3.54
9	17.68	8.38	10.99	6.25	0.94	2.71	10.50	1.54
10	32.63	9.54	5.46	4.34	0.05	3.90	10.58	0.89
合计	99.99	100.01	100.00	100.00	100.00	100.00	100.00	100.01

注：收入按不包括社会保障支出的人均总收入排序分组。因四舍五入，各组的比重合计不一定精确地等于 100。

表 3-7b　主要社会保障支出在收入（包括社会保障支出）十等分组的分布

单位：%

收入十等分组	总收入	离退休金	城镇居民社会养老保险	新型农村养老保险	最低生活保障	社会救济	报销医疗费	政策性惠农补贴
1	1.07	0.47	0.48	8.44	18.74	8.27	3.63	20.64
2	2.80	0.53	1.47	10.20	20.27	14.12	4.47	17.68
3	3.93	1.02	1.81	11.50	12.63	14.03	4.54	17.63
4	5.23	1.92	3.08	10.28	14.27	14.82	5.80	13.55
5	6.69	4.30	5.79	10.60	10.93	8.59	6.31	12.53
6	8.39	6.24	8.38	11.35	7.77	10.00	5.39	8.23
7	10.40	9.79	12.33	11.77	8.35	11.25	6.92	4.52
8	13.18	15.49	18.21	11.48	4.50	10.15	7.41	3.31
9	17.38	21.74	25.75	8.28	1.96	3.24	12.71	1.14
10	30.94	38.49	22.70	6.12	0.59	5.53	42.81	0.76
合计	100.01	99.99	100.00	100.02	100.01	100.00	99.99	99.99

注：收入按包括社会保障支出的人均总收入排序分组。因四舍五入，各组的比重合计不一定精确地等于 100。

表 3-7a 和表 3-7b 分别为按不包括和包括社会保障支出的人均收入排序的主要社会保障支出在总收入（即人均可支配收入）十等分组之间的分布。首先看总收入的差距程度。表 3-7a 显示，如果按照不包括社会保障支出的总收入排序，收入十等分组中最低组占总收入的比重为 0.62%，而最高组的比重则为 32.63%，该比重随收入水平的上升而直线上升。这意味着，我国城乡居民收入最低的 10% 人群，仅仅占有居民收入总额的 0.62%，而收入最高的 10% 人群则拥有居民收入总额的 32.63%。通过简单的换算可知，收入十等分组中，最高组人均收入为最低组人均收入的 52.6 倍（32.63%/0.62%）。这些数字显示了居民可支配收入（即总收入）分配的不平等程度。若总收入中包括了社会保障支出，我们可以明显地从表 3-7b 中看出，收入十等分组中第

1 组到第 8 组的收入份额都有所上升，而收入最高的第 9 组和第 10 组收入份额下降，这说明政府的社会保障支出偏向于分配给中低收入者，因而降低了总人口中的收入不平等程度。这一点与前文分析是否包括社会保障支出的居民总收入基尼系数结论一致。

下面分别观察离退休金和养老金。表 3 - 7a 的相关数据显示，离退休金在收入最低组的比重为 18.41%，最高组为 9.54%，意味着按照接受政府社会保障支出之前的总收入排序，离退休金总额的 18.41% 分配给了收入最低的 10% 人群，9.54% 分配给了收入最高的 10% 人群。这说明如果以未包括社会保障支出的居民总收入分布为参照系，离退休金的分布偏向于低收入人群，因而具有改善收入分配的作用。而如表 3 - 7b 所示，如果按照包括政府社会保障支出的人均总收入排序，离退休金总额落在收入最低 10% 人群的比重仅有 0.47%，相反，最高收入组却拥有离退休金总额的 38.49%。在最低组所占比重上，离退休金低于总收入，而在最高组的比重上，离退休金却明显高于总收入，说明离退休金的分布较包括社会保障支出的总收入的分布更不平等，这也是作为分项收入的离退休金为何起到扩大总收入（包括社会保障支出）差距的原因所在。城镇居民社会养老保险的分布情况与离退休金类似，若按照包括社会保障支出的收入排序，二者的分布均偏向于高收入人群，差别在于高收入人口占有的城镇居民社会养老保险份额低于离退休金，因而城镇居民社会养老保险分布的不平等程度要低于离退休金。这也是为什么城镇居民社会养老保险的集中率小于离退休金。与之相反，新型农村养老保险的分布明显倾向于中低收入人群，表现在表 3 - 7b 中第 1 组到第 7 组的新型农村养老保险份额高于总收入份额，这是新型农村养老保险的集中率低于包括社会保障支出的总收入基尼系数的原因所在。

其他社会保障支出的收入分配效应可以同样分析。首先考察最低生活保障。无论是否按照包括社会保障支出的人均收入排序，低保总额在不同收入组之间的分布均随收入增加而直线下降（表 3 – 7b 中第 2 组与第 4 组除外），说明低保的分布明显倾斜于低收入人群。表 3 – 7b 显示，最低组的低保收入比重为 18.74%，而最高组为 0.59%，说明收入十等分组中，最低组占有政府低保支出的近 20%，而最高组拿到低保收入总额的不足 1%，最低收入组的人均低保收入为最高组的 31 倍（18.74%/0.59%）。这就是低保缩小居民收入差距的根源。与低保支出分布情况类似的是现金政策性惠农补贴，该项收入等于退耕还林还草补贴、粮食直接补贴和其他现金政策性惠农补贴之和。从表 3 – 7b 可以看出，政策性惠农补贴的分布明显地集中在第 1 组到第 5 组低收入人群，最低收入 10% 人群得到的惠农补贴是最高收入 10% 人群的 27 倍（20.64%/0.76%），这意味着政策性惠农补贴也具有较强的改善收入分配的作用。除低保外的社会救济支出也偏向于分配给中低收入人群，但高收入者占有的社会救济支出份额高于其可获得的低保和惠农补贴份额，因而社会救济支出虽然也为缩小收入差距的来源，但其对收入不平等的改善作用弱于低保和政策性惠农补贴。

报销医疗费在不同收入组之间的分布很特殊。表 3 – 7a 和表 3 – 7b 中的相关数据显示，若按照不包括社会保障支出的人均收入排序，报销医疗费主要集中在收入较低的第 1 组到第 3 组人群中。而如果按照包括社会保障支出的人均收入排序，报销医疗费在收入最高组的比重为 42.81%，意味着目前医疗保险费总额的 42.81% 被收入最高 10% 的人群领走了。收入次高的第 9 组人群占有的报销医疗份额为 12.71%，从而收入最高的五分之一人群获得的报销医疗费超过了全部人口报销医疗费总额的55%。其余8组的比重略有随收入上升而上升的趋势，但不十分明显，且均未超出10%。为何报销医疗费分配不均衡，为何如此集中于最高收入人群？这一点有待于进一步研究，其中的政策意义至关重要。

第五节 主要结论与政策建议

在由市场因素决定的居民收入差距上，我国虽略高于发达国家，但相差不大。我国可支配收入不平等程度显著高于发达国家的主要原因在于我国政府收入再分配政策的调节力度较发达国家而言不足。鉴于此，本章基于CHIP2013调查数据，使用MT指数、P指数测算了我国主要社会保障支出的收入分配效应。

宏观数据研究显示，无论是从国际比较还是我国实际经济发展水平来看，我国社会保障支出水平较低，因此应继续加大对居民社会保障的投入力度。微观研究发现，MT指数的计算结果表明我国的社会保障支出具有改善居民收入分配的作用。考察分项社会保障支出的收入分配效应，我们发现，按照目前政府转移收入在居民之间的分配结构，社会保障支出面向所有居民的整体增加将扩大居民收入差距。分项社会保障支出中，离退休金的集中率最大、远高于总收入的基尼系数，因此为扩大居民收入差距的力量。城乡低保是对低收入人群倾向最强的收入构成，在金额一定的情况下，它在缩小总收入差距上的力量最大。但由于低保在总收入中所占份额较低，它对基尼系数的降低作用并不明显。此外，新型农村基本养老保险、现金性惠农补贴也具有改善居民收入分配的作用。

本章的政策含义是十分明显的，即为了进一步降低我国居民收入分配的不平等，更多的社会保障支出应投向最低生活保障、新型农村基本养老保险和惠农补贴等项目上。行政事业单位离退休金和城镇企业职工养老金的进一步增加将加剧收入分配的不平等。目前的医疗报销状况也不利于收入分配的改善，医疗保险制度应进一步改革，以提高低收入群体在医疗保险中的参与机会，增加其医疗费用的报销比例。

第四章

政府补贴的累进性、规模及其收入再分配效应[①]

第一节 引 言

以社会保障和个人所得税为代表的政府收入再分配政策，在缩小收入差距上的作用是人所共知的。一些研究把以人均可支配收入基尼系数衡量的一国收入差距，分解为由市场因素决定和由收入再分配政策决定的两部分，由此考察收入再分配政策的相对重要性。结果表明，发展中国家（包括中国）的收入

① 本章主要内容发表在《中国社会科学》2018 年第 10 期（徐静、蔡萌、岳希明：《政府补贴的收入再分配效应》）。

差距之所以大于发达国家，主要原因在于前者的收入再分配政策的调节力度不足，而在由市场因素决定的收入差距上，两者之间并没有太大差距。也就是说，由市场因素决定的收入差距与经济发展阶段并没有显著的相关关系。随着经济发展水平的提高，政府在调节收入不平等上的力度不断加强，于是出现了人均可支配收入（考虑了政府收入再分配政策之后的）差距随经济发展水平提高而下降的关系。这些研究同时发现，由向低收入人口的收入转移和向高收入人口征收个人所得税组成的两个收入再分配政策工具中，前者在收入再分配政策效应中占比为 80% 左右，缩小收入差距的作用远远强于后者（Kristjánsson，2011；Milanovic，1999）。由此可见，一国缩小收入差距的主要途径为政府加大收入再分配政策的调节力度，尤其是通过社会保障支出向低收入人口进行收入转移。

政府收入再分配政策作用既然如此重要，那么研究测量收入再分配政策效应的重要性自不必说。在测量收入再分配政策效应时，目前使用最多的是 Musgrave 和 Thin（1948）提供的方法。Musgrave 和 Thin（1948）为了考察个人所得税的收入分配效应，他们使用了税前基尼系数减去税后基尼系数的指标，即通常所说的 MT 指数。若该指数取值为正数，说明在经过个人所得税调节之后，收入差距变小了，因此可以得出结论：个人所得税具有缩小收入差距的作用，否则具有扩大收入差距的效应。除 MT 指数之外，基尼系数按收入构成分解在测量收入再分配政策效应时也常被使用。来自政府的转移性收入以及个人所得税是收入再分配手段的体现，和工资收入与财产收入一样，是居民总收入的构成部分（个人所得税作为负收入处理），把人均可支配收入总额按收入构成分解，即可考察各项收入构成对总收入不平等的贡献度和总收入不平等对各分项收入构成的弹性，政府收入再分配政策也可得到分析。

为了解释上的方便，以及考虑到本章分析重点在于社会保障支出的收入分配效应（而非个人所得税），以下以社会保障支出为例进行解释。从政府的角度而言，社会保障支出为支出，但从住户的角度而言，社会保障支出则为来自政府的转移性收入，是其收入构成的一部分。因此，本章中的社会保障支出、来自政府的转移性收入、政府补贴或者在未特殊注明情况下的转移性收入和补贴等用语，其含义完全相同，均指政府对住户的转移收入，是居民总收入的一部分。

在评价收入再分配政策效应上，以上两种方法提供的信息有所不同。简言之，MT 指数提供了关于收入再分配政策总体效应或总体效果的信息，即与补贴之前的收入差距相比，补贴之后的收入差距缩小了多少。与此不同，（总收入）基尼系数按收入构成分解法（以下简称基尼系数分解）提供的是边际效应信息，即来自政府的补贴发生微小变化后基尼系数变化多少。可以说，以上两种方法提供了评价收入再分配政策效应所需的最基本、最重要的信息。尽管如此，有关收入再分配效应的以往研究仍然存在明显的不足，许多重要的问题尚未得到回答，公众和决策者对收入再分配政策效果的理解十分有限，这不可避免地影响政府收入再分配政策效应的充分发挥。

以往文献的不足部分来源于研究者对现有方法的理解不足，但主要是由方法论研究本身的不足所致，以下较为详细地解释这一点。从某种意义上讲，MT 指数仅就收入再分配政策的收入分配效应提供了一个不言而喻的结果。之所以这样说，原因如下：一般情况下，政府社会保障支出多倾向低收入人口，而普遍采取超额累进税率的个人所得税，其税负无疑向高收入人口倾斜，不同的是倾斜程度而已。因此，无论是前者还是后者，两者均具有缩小收入差距的功能，从 MT 指数计算结果能够得到的信息和含义也不过如此，即 MT 指数为正数，补贴后收入的基尼系数小于补贴前收入的基尼系数，因此补贴缩小了收入差距。然而，这一点是显而易见的，几乎无须计算。当然，除作用方向之外，以其数值的大小，MT 指数还可提供衡量收入再分配政策强度大小的信息。尽管如此，孤立的 MT 指数值所能提供的信息量仍然有限，比如，当 MT 指数取正数时，并不意味着进一步增加补贴一定有利于缩小收入差距，有时则正好相反，即进一步增加补贴将使补贴后收入的基尼系数上升，目前我国整体社会保障支出即处于这种状态。基尼系数分解中的边际效应可以给出进一步增加补贴对总收入基尼系数的影响如何，但与 MT 指数正相反，它给出了边际效应，却并未给出再分配的整体效应，当边际效应大于 0 或小于 0 时，我们并不能知道整体上看补贴是否扩大或缩小了收入差距。另外，无论是 MT 指数还是基尼系数分解都未能提供给定的政府补贴是否最大限度地缩小了收入差距，以及如何才能做到这一点的信息。这一切均为本章的研究内容。

上述可知，MT 指数和基尼系数分解法从不同角度测量了政府补贴的收入分配效应，前者为总体效应，后者为边际效应，两种方法的结果是互补的，而非替代的，如果将二者搭配起来使用，被认为可全面地评价政府补贴的收入再分配效应，其实不然。迄今为止，在方法论或指数理论上，MT 指数和基尼系数分解之间的联系尚未建立起来，两者一直被单独、孤立地使用，由此产生的对收入再分配政策效应的评价也是片面的，其政策含义是不可靠的。两种方法估计结果之间的矛盾常常令作者和读者无所适从、苦于解释，当前我国社会保障支出即出现了这种情况。根据本章计算可知，一方面，政府补贴的 MT 指数为正数，说明政府补贴有缩小收入差距的作用；另一方面，根据基尼系数分解的分析结果，政府补贴是扩大居民收入差距的因素，即增加政府对居民的补贴将扩大收入差距（即补贴后收入的基尼系数会变大）。这样的结论会使读者不可避免地产生诸多疑惑。如何看待这些表面上矛盾的结论？更重要的是，为何出现这样的结果？为了进一步缩小居民收入差距，政策上应当如何行为？等等。以往的研究，尤其是相关理论和方法论的研究并未回答这些问题，研究的不足是导致收入再分配效应实证研究中存在不足与缺陷的主要原因，开发和探索两种方法之间的联系，对准确衡量政府收入再分配政策效应、有效缩小收入差距是十分重要的，这也正是本章的研究目的。

基于这一目的，本章的研究内容分为两个部分：一部分是对方法论的探讨，即利用基尼系数路径曲线建立 MT 指数与基尼系数分解之间的联系，并采用最小基尼系数曲线分析再分配政策的潜力和效率；另一部分是将对方法的探讨结论，应用到政府对居民的转移收入以及政府间转移支付的研究中，测量和考察政府补贴的居民收入分配效应和政府间转移支付的财力均等化效应，由此显示基尼系数路径曲线和最小基尼系数曲线的应用性。

第二节 MT 指数和基尼系数分解

一、MT 指数

文献中的 MT 指数是 Musgrave 和 Thin 为测量税收的收入

分配效应时所使用指数的简称，用公式表示如下：

$$MT = G_X - G_Y \tag{4-1}$$

其中，G_X和G_Y分别为税前收入和税后收入的基尼系数，当 $MT>0$ 时，说明税后收入基尼系数小于税前收入基尼系数，税收缩小了收入差距；相反，若 $MT<0$，表明税后收入差距反而大于税前收入差距，税收起到了扩大收入差距的作用；若 $MT=0$，表明税收对收入差距没有影响。

MT 指数出现之后，很多学者对其进行了拓展研究，方向之一是对其进行分解。Kakwani（1984）将用 MT 指数衡量的税收的收入分配效应分解为横向公平和纵向公平两项，并由此建立了再分配效应与累进性之间的联系，即：

$$MT = H + V \tag{4-2}$$

横向公平定义为$H = C_Y^X - G_Y$，其中C_Y^X表示税后收入 Y 按照税前收入 X 排序得到的集中度，G_Y是以 Y 本身排序计算的 Y 的基尼系数①。C_Y^X和G_Y的计算方法完全相同，只有排序变量的差异，因此，二者之间的差值即衡量了 X 与 Y 排序的差异。Kakwani（1980）、Atkinson（1980）和 Plotnick（1981）等的研究结果显示，H 始终取零值或负值，若税负不改变人们的收入排序，则 H 为零值；若税负具有再排序的效应，则 H 取负值，并且政策对人们收入排序改变的程度越大，H 的绝对值越大。

纵向公平的定义是 $V = \frac{t}{1-t} \cdot (C_T^X - G_X)$，其中 t 表示平均税率，即人均税额与人均税前收入的比值；C_T^X为以税前收入排序计算的税收集中度，表示税负在不同人群组之间的分

① 后文中 G 表示基尼系数，C 表示集中度，下角标表示基尼系数或集中度计算的目标变量，上角标表示集中度计算时使用的排序变量。

布，注意，此时的“不同人群组”是依税前收入衡量的。从以往文献可知，税收集中度与税收累进（退）性密切相连，是定义税收累进性指数的最重要因素。Kakwani（1977）将税收累进性指数定义为 $P = C_T^X - G_X$，P 表示税收累进性指数，若 $P > 0$，说明税负更多集中于高收入人群，故为累进性税负或累进税；反之，若 $P < 0$，意味着税负相对集中于低收入人群，因此为累退税；$P = 0$ 时，说明税率对所有人相等，税负既非累进又非累退，比例税即属此类。

MT 指数原为测量税收的收入分配效应而开发的，但其后得以广泛应用，其应用范围甚至超过收入再分配政策的效果评价。本研究考察政府补贴对居民收入分配的效应，因此 MT 指数的分解公式变为补贴前收入基尼系数与补贴后基尼系数之差，即：

$$MT = G_X - G_Y$$

$$= (C_Y^X - G_Y) - \frac{r}{1+r} \cdot (C_S^X - G_X) = H + V \qquad (4-3)$$

此处G_X为补贴前收入或不含补贴时收入的基尼系数，而G_Y则为补贴后收入或含补贴在内收入的基尼系数。此时 MT 指数的符号和补贴收入分配效应之间的关系与讨论税收时相同，在此不必赘述。此式中各变量的含义也与讨论税收时完全相同。例如，r 为平均补贴率，即补贴总额与补贴前收入总额的比率，为正值（可取负值，税收即属此种情况）。C_S^X表示以补贴前收入排序计算的补贴集中度（下标 s 代表政府补贴，即 subsidies from governments，下同），表示补贴在不同收入人群之间的分布。与讨论税收时相同，它是决定补贴的收入分配效应方向的最主要指标，是定义补贴累进（退）性的重要因素。与税收类似，补贴的累进性可表示为 $P = C_S^X - G_X$。此时值得注意的是，P 的符号（或C_S^X与G_X的相对大小）与补贴的收入分配效应之间的对应关系，与税收情况正好相反。具体而言，当 $P<0$（即 $C_S^X<G_X$）时，补贴的分配相对集中于低收入人群，故为累进性补贴，有缩小收入差距的效应；反之为累退性补贴，将扩大收入差距；当 $P=0$ 时，补贴不具有累进（退）性。

二、基尼系数按收入构成分解

基尼系数分解通常被用来从收入构成的角度分析收入差距的成因。如果个人或家庭的总收入 y 可以表示成 K 项收入之和的形式，即 $Y=\sum_{k=1}^{K} y_k$，根据 Lerman 和 Yitzhaki（1985），总收入的基尼系数 G_Y 可分解为：

$$G_Y=\sum_{k=1}^{K} S_k G_k R_k \tag{4-4}$$

其中，S_k 表示分项收入 k 在总收入中所占份额，G_k 代表分项收入 k 的基尼系数，R_k 为分项收入 k 与总收入 Y 的基尼相关系数（gini correlation），表达式为以总收入 Y 为排序变量的分项收入 k 的集中度与 Y 的基尼系数的比值，即 $R_k=C_k^Y/G_k$。根据此公式，第 k 项收入对总收入基尼系数的贡献度可表示为 $\frac{S_k G_k R_k}{G_Y}$。

除了计算分项收入对总收入不平等的贡献比率，此方法的另一个重要贡献是估算分项收入对基尼系数的边际效应，即在其他收入来源不变的情况下，某项收入来源的微小变化（即所有样本在该项收入来源上等比例变化）对整体收入不平等的影响。对此，Lerman 和 Yitzhaki（1985）给出了下列公式：

$$E=\frac{S_k}{G_y}(C_k^Y-G_Y) \tag{4-5}$$

这里，E 表示补贴对基尼系数的边际效应，或者说基尼系数对补贴的弹性。从该公式不难看出，某项收入来源 k 发生微小增加后，总收入基尼系数上升还是下降完全取决于该项收入来源以总收入为排序变量的集中度与总收入基尼系数的相对大小。若前者大于后者（即$C_k^Y > G_Y$），说明该项收入来源相对集中在高收入人群（注意：此时收入的高低是按包括该收入来源的总收入衡量的），或者说在该项收入来源占总收入的比重上，高收入人群高于低收入人群，因此总收入的基尼系数会上升；相反，前者小于后者时基尼系数下降；二者相等时则保持不变。

很显然，政府补贴作为居民总收入的构成之一，以上关于收入构成的边际效应讨论也完全适用①，即若补贴以总收入为排序计算的集中度小于总收入的基尼系数（$C_S^Y < G_Y$），表明政府补贴倾斜于低收入人群。更准确地说，补贴率（即补贴占总收入的比重，此处的总收入为包括补贴在内的总收入）与收入水平之间存在负相关关系，故进一步扩大补贴的规模（所有人的补贴按同一比例增加），总收入差距将缩小；相反，若$C_S^Y > G_Y$，则补贴增加后，总收入的差距将扩大。当二者相等时，补贴变化后，总收入的基尼系数保持不变。

三、对两种方法的评价

以上两种方法的分解结果中，存在着补贴的两种集中度

---

① 公式（4-4）和公式（4-5）中用 k 表示各个分项收入，后文讨论政府补贴分项时，将用 S 替代公式中的 k。

C_S^X和C_S^Y，在继续讨论之前，有必要对这两种集中度的区别给予明确的说明。两者均为补贴的集中度，不同的是排序收入。C_S^X的排序收入为不含补贴的收入，即补贴前收入，或称初始收入，由此得到的补贴集中度，我们称之为补贴的初始集中度。其表示补贴与初始收入在分布上的相关关系，若给定补贴相对初始收入的分布，补贴的初始集中度与补贴的规模无关，始终保持不变。与此不同，C_S^Y的排序收入为补贴后收入，或称为包含补贴之后的总收入。很显然，含补贴在内的总收入，随补贴的变化而变化，以此排序计算的补贴集中度，亦随补贴规模的变化而异，为此我们称之为补贴的动态集中度，以此区别于补贴的初始集中度。相应地，我们可以把根据初始集中度与初始基尼系数的差值计算的累进性（$C_S^X - G_X$）称为补贴的初始累进性（即前文纵向公平公式中的P，后文简称为累进性），而将动态集中度与补贴后基尼系数的差值（$C_S^Y - G_Y$）定义为补贴的动态累进性（即基尼系数边际效应中决定边际效应符号的分项）。当补贴规模给定时，补贴的动态集中度和动态累进性都会取固定的数值，尽管如此，我们想通过“动态”的用语，来捕捉（按补贴后收入衡量时）补贴分布的动态特征。补贴的这种动态分布特征，是决定补贴的收入分配效应的重要因素将在后文详细阐述。

如上所述，MT 指数和基尼系数分解两种方法，分别从总体效应和边际效应的角度，为评价补贴收入分配效应提供了最基本、最直观的信息，这也是它们常用于以往相关研究的缘故。但对于全面、准确衡量收入再分配政策效应，两者所提供的信息是远远不够的。具体而言，首先，两者各自提供的信息是孤立的、片面的，有时甚至是误导的。一方面，MT 指数提供了整体效应的估计值，对于进一步增加政府补贴将扩大还是缩小收入差距的信息，却并未提及。政府补贴的 MT 指数通常大于零，为此人们会认为应该进一步增加政府补贴规模，但这实际上未必有利于缩小收入差距。另一方面，从基尼系数分解结果能够判断政府补贴对整体收入差距的贡献度以及边际效应，其他信息则无从知晓。在边际效应估计值为正数时，通常被认为政府补贴扩大了收入差距，这一判断是错误的，至少说是不全面的。而若根据补贴对收入差距的贡献度来评估政策的再分配效应，则更不具有合理性。其次，当把两种结果结合使用时，由于在理论方法上两者之间的联系尚未建立，情况并未得到改善。不仅如此，两种结论之间经常出现矛盾，其中最常见的是，MT 指数计算结果显示补贴缩小了收入差距，但从基尼系数分解结果上观察，补贴正在扩大整体收入差距。在政府对居民转移性收入的收入分配效应上，许多国家都可观测到此类现象，我国也是如此。在此情况下，如何看待这些矛盾的结论？更重要的是，为何出现这样的结果？为了进一步缩小居民收入差距，政策上应当如何行为？等等。探索和建立两种方法之间的联系，以此全面、准确地评价政府收入再分配政策效应，这正是本章的研究目的。

第三节 补贴的累进性、规模和收入再分配效应

补贴的规模及其变化，在理解和建立 MT 指数与基尼系数分解的联系上起着关键性作用。假如政府实施一项累进性补贴（按补贴的初始集中度衡量），当补贴率较低时，无论

按补贴前收入衡量，还是依据包括补贴在内的收入计算，接受补贴的人均为低收入人口，此时初始集中度和动态集中度均为负数，因此补贴后收入的基尼系数随补贴的增加而下降（边际效应），MT 指数（总体效应）也随之上升。但是，随着补贴规模的不断（等比率的）扩大，最终一定会达到一点，即若按包括补贴在内的收入衡量，接收补贴的家庭将成为相对高收入群体，此时若继续（等比率的）扩大补贴规模，补贴后收入基尼系数将会上升，MT 指数也由上升转为下降，甚至有可能最终变为负值。

以上通俗、直观地解释了补贴规模的变化对补贴的收入再分配效应的作用机制，为了使讨论一般化和理论化，我们通过描绘补贴后收入基尼系数随补贴率变化的路径曲线，并结合不同补贴规模下的最小基尼系数曲线，对补贴政策的再分配效应机制进行全面考察。

一、基尼系数路径曲线

以下把补贴后收入基尼系数随补贴率变化的路径曲线简称为基尼系数路径曲线或路径曲线。首先给出明确定义，即基尼系数路径曲线是在补贴的初始分布给定前提下[①]，补贴后收入基尼系数随补贴率上升而形成的路径。此处的补贴率为补贴规模的代理变量，定义为补贴总额与补贴前收入总额之比。基尼系数路径的起点为补贴前收入的基尼系数，即补贴率等于 0 时的收入不平等程度，路径的终点不定，或者视情况而定。理论上讲，终点可以是补贴率取任何值时（含补贴在内）总收入的基尼系数，选择的标准为所绘路径曲线能

① 补贴的初始集中度是决定基尼系数路径曲线形状的最重要因素之一，详见本章以下论述。

够反映基尼系数随补贴扩大的整体变化趋势。更具体地说，当补贴率超过某一具体数值后，基尼系数的趋势呈现单调变化时，即可将此补贴率下的基尼系数作为曲线的终点。

不难想象，在基尼系数路径曲线上，总体效应和边际效应的信息一目了然，即对于给定的补贴率，可以在路径曲线上找到与之对应的补贴后收入基尼系数，此点与路径曲线起点的相对高低，即为 MT 指数（或整体效应），而此点处曲线切线的斜率，即为补贴的边际效应。因此通过绘制基尼系数路径曲线，可将 MT 指数和基尼系数分解提供的主要信息进行巧妙地结合。

（一）基尼系数路径曲线的形状分析

在上面通俗解释中，当补贴为累进性补贴时，基尼系数路径曲线可能呈现先降后升的“U”形。但累进性补贴是否一定导致“U”形的路径曲线呢？如果是累退性补贴或者既非累进又非累退的补贴（即按初始收入计算的累积性指标等于0），基尼系数路径曲线的形状又如何呢？对此以下进行详细讨论。

路径曲线的形状取决于两个因素[①]：一是补贴的初始累进性；二是样本按补贴排序和按初始收入排序之间的一致性，以下简称排序一致性。一方面补贴的初始累进性（即 $P = C_S^X - G_X$）反映补贴在不同收入人群之间的分布，此时的收入为不含补贴在内的初始收入，即补贴前收入。另一方面，补贴的一致性决定了补贴改变居民收入排序的能力：若样本按补贴的排序与按初始收入的排序完全相同（以下简称

① 基尼系数路径曲线的形状的证明过程见本书附录，由于附录中的 C_X^S 的经济含义不够直观，后文主要以累进性和排序一致性作为基尼系数路径曲线形状的分类标准。

为排序一致)，则无论补贴规模大小，补贴前后收入的排序将始终不变。若样本按补贴的排序与按初始收入的排序不相同（以下简称为排序不一致)，则在补贴规模较小时，收入排序并不发生变化；当补贴规模超过某一值时，补贴前后的收入排序开始发生改变；当补贴规模继续增加到某一值后，补贴后收入的排序将与补贴的排序完全相同。

根据补贴累进性和排序一致性的组合，可识别出基尼系数路径的 6 种情况，图 4－1 给出了 6 种路径曲线的基本信息①。图中第 1 列的文字部分，显示了该种路径曲线的累进性和排序信息，第 2 列为该类补贴的特征，第 3 列图示了相应补贴的集中度曲线和补贴前收入的洛伦兹曲线，第 4 列即为相应的路径曲线。以下就 6 种路径曲线给出简单的解释。

当补贴为累退时，即补贴的集中度曲线位于补贴前收入洛伦兹曲线下方时，无论补贴排序是否一致，补贴后收入基尼系数随补贴率的提高而单调增加。也就是说，以不含补贴的收入为标准，如果补贴的分布倾向高收入人口的话，补贴规模越大，收入差距也会越大。这即是图 4－1 中“补贴 1”的路径曲线。

当补贴既非累退又非累进时（即 $P=0$ 时)，路径曲线因排序是否一致而异。如果排序一致（图中“补贴 2”)，为比例补贴，路径曲线为一条直线，即补贴不影响收入差距。与此不同，如果排序不一致（图中“补贴 3”)，随着补贴规模的扩大，基尼系数起初保持不变，当达到一定规模后开始上

① 对于累退性补贴，排序是否一致不影响其基尼系数路径曲线的形状，此处将其合并为 1 类。对于累进性补贴，当 $C_S^X<0$ 时，低收入者收到的补贴绝对数额更多，排序一定不一致，由于大多数政府补贴属于此种情况，本章将其单列为一个类型，即后文的第 6 种情况，实际上它与第 5 种情况并无区别。

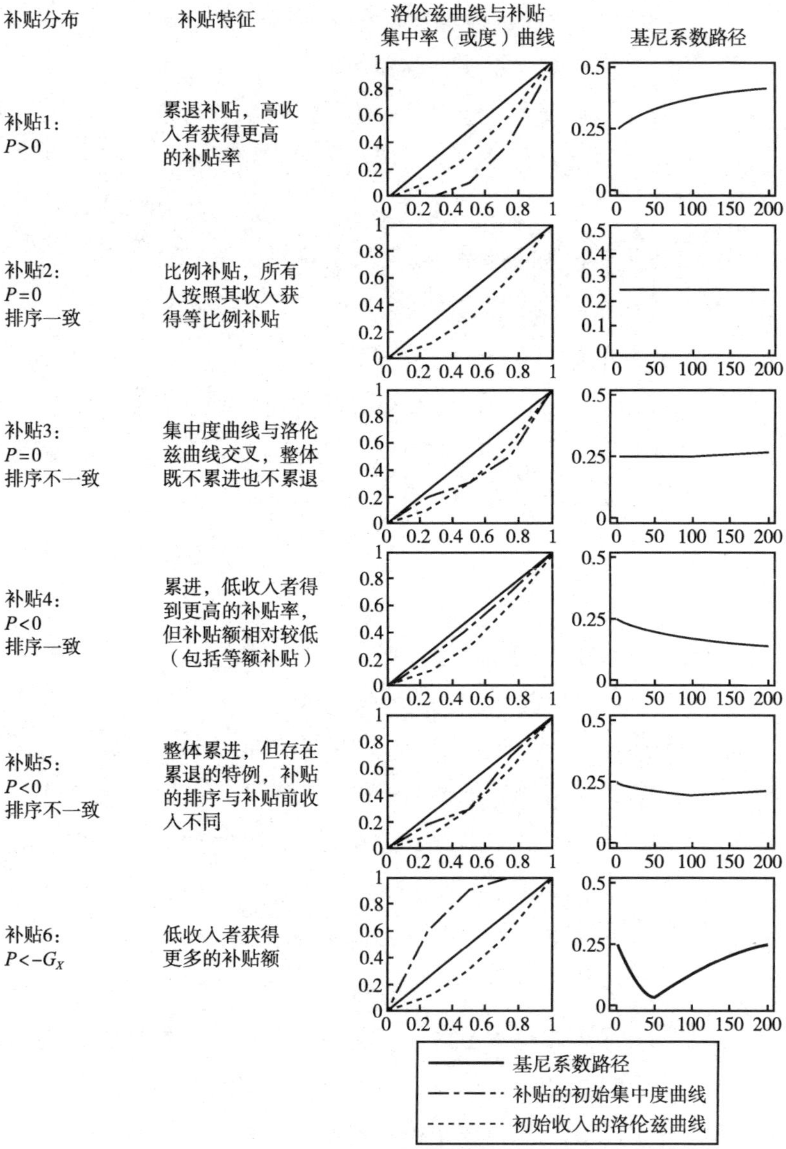

图 4－1 基尼系数路径曲线分类及特征

注：左列图，横轴为收入或补贴的累计比重（不乘 100，为通常的做法），纵轴为按收入水平由低到高排序时人口的累计比重（不乘 100，为通常的做法）。右列图，横轴为基尼系数，取 0 到 1 之间的值；纵轴为补贴率（补贴 ÷ 补贴前收入 ×100）。

升，上升的幅度取决于补贴的排序与初始排序的差异，差异越大，上升的幅度越大。

当补贴为累进性时可分两种情况：$C_S^X \geqslant 0$（即补贴集中度大于或等于0）和$C_S^X < 0$（即补贴集中度小于0）。当$C_S^X \geqslant 0$时，进一步分两种情况：若排序一致，基尼系数路径为单调下降，图4－1中的“补贴4”即为此种情形。补贴集中度曲线与45°线重合时（即等额补贴）也属于此类型；相反，若排序不一致（图中“补贴5”），基尼系数路径呈现先下降后上升的“U”形。当$C_S^X < 0$时，即补贴集中度曲线位于45°线以上时，补贴的排序与初始排序一定不一致，基尼系数路径曲线一定为先下降后上升的“U”形（“补贴6”）。

以上简单介绍了基尼系数路径曲线的主要类型，由此可见，基尼系数随补贴规模扩大所经历的轨迹，依赖于补贴的累进性和排序一致性，不同的轨迹和路径，代表着补贴对收入不平等作用的不同模式，根据补贴的特征（即累进性和排序情况），即可预测补贴对收入差距作用的变化。基尼系数路径的主要类型明确之后，各种路径的形成机制或成因是必须探讨的内容，否则就难以理解为何政府增加补贴之后，收入差距反而扩大的“奇怪”现象。

（二）基尼系数路径曲线的成因——基于补贴动态集中度的解释①

理解补贴动态集中度和基尼系数路径之间关系，其线索在于补贴的边际效应公式，即式（4－5）。该公式显示，当补贴

① 此处根据动态集中度考察了基尼系数路径曲线的成因，另外亦可根据式（4－3）中横向公平效应和纵向公平效应随补贴规模扩大的变化趋势进行考察。由于篇幅的缘故，在此予以省略，有兴趣的读者可与作者联系。

动态集中度大于（补贴后）总收入基尼系数时（即$C_S^Y > G_Y$），基尼系数随补贴的增加而上升，否则将下降（$C_S^Y < G_Y$）或保持不变（$C_S^Y = G_Y$）。由此可见，动态集中度与补贴后收入基尼系数的相对大小及其变化，对基尼系数路径走向至关重要。

补贴动态集中度C_S^Y以补贴的初始集中度C_S^X为起点，并具有非递减性。补贴动态集中度的非递减性指的是，按补贴后收入排序计算的补贴集中度，随补贴规模的增加或保持不变，或单调增加，但不会变小。当补贴收入与补贴前收入的排序一致时，动态集中度保持不变，等于补贴的初始集中度。进一步说，累退性补贴时，动态集中度始终大于基尼系数；既非累进又非累退补贴时，动态集中度始终等于基尼系数，二者随补贴规模的变化保持不变。当补贴收入与补贴前收入排序不一致时，动态集中度一定为递增。对此通俗的理解是，若补贴改变了排序，部分原低收入人口由于接受较多补贴而收入超过高收入人口，则随着补贴的增加，补贴对低收入人口的倾斜程度越来越弱，相反对高收入人口的倾斜程度越来越强，为此补贴集中度越来越大，甚至可能出现由负变正的过程（即由动态累进性变为动态累退性）。

总收入的基尼系数 G_Y 以补贴前收入基尼系数 G_X 为起点，并具有不能转变为递减的性质，即其初始变化方向可为递减，但一旦开始递增，就不会再转为递减。① 此性质表明了基尼系数路径类型的有限性，即基尼系数路径的转折点最多只有一个——由递减转为递增。

基于动态集中度的非递减性和基尼系数的不能转变为递减性，可以根据动态集中度的变化解释图 4－1 显示的 6 种基尼系数路径。图 4－2 给出了不同类别补贴的动态集中度和基

① 有关证明参见本章附录。

尼系数路径曲线。

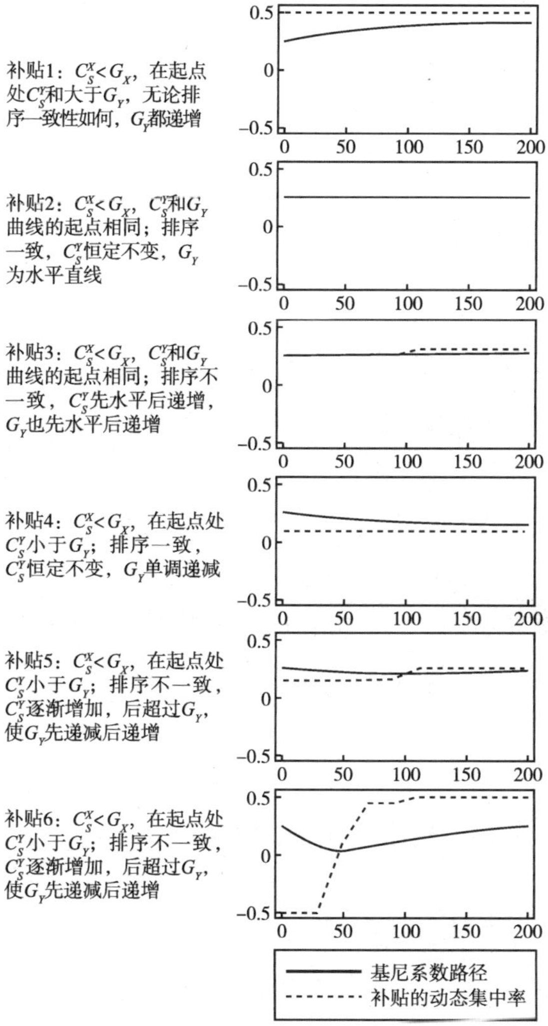

图 4－2　补贴的动态集中度与基尼系数路径曲线

注：横轴为补贴率（定义参见图 4－1 图注），纵轴为基尼系数或集中率。

首先看图 4－2 中"补贴 1"，此时 $P=C_S^X-G_X>0$，动态集中度的起点 C_S^X 大于基尼系数路径的起点 G_X，即在起点处基尼系数路径单调增加，根据基尼系数不能转变为递减的性质，基尼系数路径将保持单调递增。

当$C_S^X = G_X$时，动态集中度和基尼系数路径的起点相同，若排序一致（“补贴 2”），C_S^Y始终不变，补贴的边际效应始终为零，基尼系数路径为水平直线；若排序不一致（“补贴 3”），在补贴规模较小、尚未改变收入排序时，C_S^Y保持不变，但当补贴规模大到足以改变收入排序时，C_S^Y开始上升，边际效应大于零，基尼系数也随之上升。

当$C_S^X < G_X$时，若补贴排序一致（“补贴 4”），动态集中度C_S^Y曲线为水平直线，且在起点处$G_Y > C_S^Y$，基尼系数路径递减，多数情况下两者不相交，基尼系数路径在终点处无限趋近动态集中度曲线，存在少数情况两者相交，则此后边际效应为零，基尼系数开始转为水平直线；若排序不一致（“补贴 5”和“补贴 6”），C_S^Y曲线最初位于基尼系数曲线下方，基尼系数随补贴增加而下降，但非递减的补贴集中度最终要超过补贴后收入的基尼系数，从此基尼系数由下降转为上升，并逐渐接近动态集中度曲线。

二、最小基尼系数曲线

基尼系数路径曲线实际上是考察在补贴的分布给定的情况下，调整补贴规模所带来的基尼系数的变化。换个角度，以下考察在补贴规模给定的情况下，调整补贴的分布可令补贴后收入基尼系数变化的范围，即计算给定补贴能够实现的基尼系数最小值①。

① 当然这个变化范围包括基尼系数能够实现的最小值和最大值，但由于再分配政策的目标是缩小基尼系数，本章将不讨论基尼系数最大值的情况。

（一）基尼系数最小值

根据公式（4－3），补贴后收入基尼系数的值取决于横向公平和纵向公平，为使G_Y达到最小值，需使横向公平和纵向公平分别达到最大。在补贴率 r 给定的条件下，横向公平最大值的条件是不改变收入排序，取零值；纵向公平最大值的条件是累进性最强，即补贴尽可能地分配给最低收入者。

令基尼系数最小的补贴，可形象地用“补短板”例子解释。首先把补贴发放给初始收入由低到高排序的第一个人，即最低收入者，使其收入达到排序中的第二个人，即次低收入者，接下去补贴最低收入的两个人，使其收入等于排序中第三个人的收入水平，如此反复下去，直到用尽所有的补贴。

在给定补贴规模的情况下能实现的最小基尼系数取决于两个因素：一是初始收入分布的均等程度，即初始收入分布越平等，一定规模的补贴所实现的基尼系数最小值越小；二是补贴的规模，补贴率越高，在给定初始收入分布的情况下，能够实现的最小基尼系数越小。当补贴规模超过某一特定值（能够实现所有人的收入“补齐”的规模）后，最小基尼系数将为零值。基尼系数首次达到零值的条件是所有人补贴后收入均等于初始收入的最大值，即补贴后全社会总收入＝初始收入最大值×人数，由于补贴前全社会总收入＝初始人均收入×人数，此时的补贴率为：初始最高收入/初始人均收入－1）×100%。

（二）最小基尼系数曲线的特征及其应用

将任意补贴规模下的最小基尼系数连接成线，即可得到最小基尼系数曲线。最小基尼系数曲线以初始基尼系数为起点单调递减，在达到零值后保持不变。曲线的形状特征完全取决于初始的收入分配差距。具体说来，初始收入的基尼系数决定了曲线的起点，初始最高收入与人均收入的商决定了曲线达到零值的点[①]。给定任意初始收入分布，都能够得到一条最小基尼系数曲线，例如图 4－3 中的实线为初始收入为 100 元、200 元、300 元、400 元的四人社会下的最小基尼系数曲线。

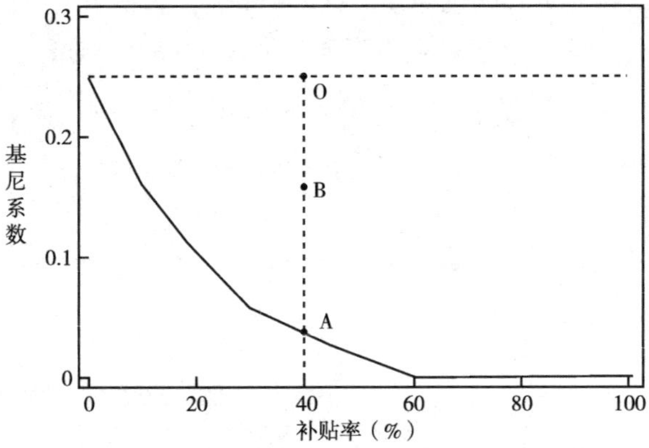

图 4－3　最小基尼系数曲线

最小基尼系数曲线的含义是任意补贴规模下基尼系数所能达到的最低值，曲线以上部分为调整补贴分布可以实现的基尼系数，曲线以下部分为不可能区域。除此之外，最小基尼系数曲线在再分配政策评估领域具有较强的应用价值。

首先，最小基尼系数曲线最直观的应用是判断再分配政策的潜力，给定任意补贴率，例如图 4－3 中的 40%，可以得出补贴的最大再分配潜力是实现 A 点的基尼系数。

其次，最小基尼系数曲线可用来判断某具体补贴的再分配效率。依然在图 4－3 中的 40% 的补贴率之下，实际的补

① 在分析微观数据时，为避免个别高收入者对整体的影响，可以考虑用收入最高 10% 人群在收入总额中所占的比重粗略估计最小基尼系数接近于 0 的补贴率。假设初始收入中该占比为 P_{10}，当补贴率等于 $(P_{10} \times 10 - 1) \times 100\%$ 时，最小基尼系数曲线达到一个接近于 0 的值。

贴后基尼系数可能为 OA 线段上的任意点，假设为 B 点，则可用 OB 向量与 OA 向量的商表示补贴的再分配效率。其值为负值表示逆向再分配，接近或等于零表示再分配无效率，接近或等于 1 表示再分配效率较高。大多数再分配性质的政策的效率都介于 0 和 1 之间①。

第四节 方法的应用

本章以上部分对测量收入再分配效应的方法进行了全面的讨论，以下通过两个实例，展现基尼系数路径曲线及最小基尼系数曲线的应用。实例一为社会保障支出的居民收入分配效应，实例二为政府间转移支付的地区间财力均等化效应。

一、我国社会保障支出的居民收入分配效应

收入分配研究中，一国的收入不平等通常以可支配收入的分布测量。可支配收入等于市场收入加上来自政府的转移性收入净值②。来自政府的转移性收入净值等于政府对住户

① 例如，根据美国国会预算办公室公布的 2013 年家庭收入分配报告中五等分组人口的人均市场收入、转移支付后的收入等信息（https：//www. cbo. gov/publication/51361，Table 1），我们可以简单估算出美国 2013 年市场收入的基尼系数为 0. 4815，在当年美国的政府转移支付规模下能达到的最小基尼系数为 0. 3309，而实际转移支付后的基尼系数为 0. 4189，可以初步估算出美国政府转移支付制度的再分配效率为 0. 4158。

② 当然还包括来自非政府转移性收入净值，为了简化起见，此处予以省略。

的转移性收入与住户缴纳的个人所得税和社会保障缴费之差，其中的政府对住户的转移性收入，从住户的角度来看为收入，从政府的角度来看则为支出，即本节拟讨论的社会保障支出。社会保障支出与个人所得税为典型的政府收入再分配手段，是世界各国政府缩小市场收入不平等的最重要手段。国际经验显示，在缩小市场所导致的收入差距上，政府支出政策（即社会保障支出）的效应远远大于政府的收入政策（即个人所得税）。因此，准确和全面地测量和评价社会保障支出的收入分配效应，具有显著的政策含义。

关于我国社会保障支出的再分配效应如何，学术界已有过许多讨论。实证研究大多以政府转移性支出前后基尼系数的差值（即 MT 指数）作为评价指标。例如，王延中等（2016）用 MT 指数为正值说明了我国社会保障支出改善了收入分配，而蔡萌和岳希明（2016）通过比较各国的 MT 指数说明了我国社会保障支出的再分配效应非常微弱。可以看到，同样是 MT 指数为正值，两个研究对社会保障制度的评价却完全不同，其原因是 MT 指数法在分析社会保障支出的再分配效应时存在局限性。可以说，MT 指数仅提供了一个对基尼系数改变量的数值，而这个改变程度是否显著和有效，是无法直接观测到的。除了 MT 指数外，也有一些学者用基尼系数分解的方法分析了社会保障支出对基尼系数的贡献度。例如，杨灿明和孙群力（2011）发现，无论是城市还是农村，转移性收入对总收入不平等的贡献非常小，说明转移性收入对收入不平等几乎没有影响，没有起到缩小收入差距的作用。范从来和张中锦（2011）认为，转移性收入对城乡居民收入不平等的效应系数较大，扩大收入不平等的效应仅次于工资性收入。多数学者在研究社会保障支出时会认为我国应该加大社会保障支出的力度。使用基尼系数分解法本可以计算出社会保障支出对基尼系数的弹性，即若只是简单地等比例扩大支出规模，基尼系数发生何种变化。但遗憾的是，以往研究没有很好地使用此结果，甚至大多数论文并不报告弹性数值，仅以分项收入对基尼系数的贡献度作为文章主要内容。根据本章方法论部分的分析，贡献度与收入占比、基尼系数和基尼相关系数有关，以其数值较小证明其没有起到缩小收入差距的作用，或者以其数值较大证明其具有扩大收入不平等的效应的做法都是错误的，这种对基尼系数分解结果的错误使用在以往很多文献中曾经出现。

因此，以往文献对社会保障支出的再分配效应讨论虽多，但或因使用方法单一，或因使用方法有误，得出的结论多具有片面性，甚至可能具有误导性。因此，本节分别使用 MT 指数、基尼系数分解法和基尼系数路径曲线及最小基尼系数曲线对社会保障支出的再分配效应进行全面的分析。

（一）数据来源

住户数据是测量社会保障支出收入分配效应时最合适的数据，以下使用的住户数据来自 2013 年中国家庭收入项目的住户调查数据（即 CHIP2013），样本户数为 18128 户、样本人数为 62603 人，包括农村住户、城镇住户以及流动人口住户，其中农村 10551 户、39421 人；城镇 6866 户、20339 人；流动人口 711 户、2843 人。以下的计算对全国分城乡（农村、城镇和流动人口三组人群）、分地区（东、中、西三大地区）的人口数对样本人数进行了加权，从而使估计值具有全国代表性。

CHIP2013 住户收入信息包括工资收入、经营收入、财产收入和转移收入，其转移收入分为来自政府与非政府的转移收入两类，来自政府的转移收入包括离退休金收入、城镇居民社会养老金、农村居民养老金、最低生活保障（即低保）、报销医疗费、惠农补贴以及其他来自政府的转移收入[①]。为了简便起见，以下将这些转移收入统称为补贴，测量和评价这些补贴的居民收入分配效应是本节的主要内容。

（二）基于MT指数和基尼系数分解的分析

表4－1给出了补贴的累进性指数、MT指数和边际效应，据此我们可以得到对当前我国社会保障支出收入分配效应的评价。具体说，首先，补贴的初始累进性指数为负数，说明补贴为累进的，即以补贴前收入为衡量标准，补贴的分配明显倾向于低收入人口，这一点就全国以及分城乡均成立。其次，按MT指数衡量，社会保障支出起到了缩小居民收入差距和缓解收入不平等的作用，无论全国层面，还是分城乡，这一点无一例外。就程度而言，社会保障支出令全国居民收入的基尼系数降低了2.35个百分点，农村、城镇和流动人口分别降低了1.37个、7.4个以及0.37个百分点。社会保障支出在城镇的作用最大，原因在于其投入力度最强。最后，边际效应的计算结果显示，就全国而言，补贴的边际效应为正，也就是说，若不改变补贴的分布而同比率增加政府补贴的话，将扩大居民收入不平等（以补贴后收入衡量），而非缩小收入差距。分城乡看，补贴的边际效应为负，表明增加补贴将缩小农村和城镇各自的居民收入差距。对流动人口而言，补贴的边际效应为正。

---

① 其他来自政府的转移收入包括国家或地方政府给予城镇无保障老人的养老金，因工致伤离退休人员的护理费，退休人员异地安家补助费、取暖补贴、医疗费、旅游补贴、书报费、困难补助等其他养老金、低保以外的社会救济金、政策性生活补贴、从政府和组织得到的实物产品和服务折价。

表 4－1　　MT 指数与基尼系数分解对政府补贴收入分配效应的评价结果

人口分组	补贴的初始集中度 ①	补贴前收入的基尼系数 ②	补贴后收入的基尼系数 ③	初始累进性指数 ④（=②-①）	MT 指数 ⑤（=②-③）	边际效应 ⑥
全国	-0.1185	0.4603	0.4368	-0.5788	0.0235	2.85
农村	0.0031	0.4099	0.3962	-0.4068	0.0137	-1.09
城镇	-0.3159	0.4257	0.3516	-0.7416	0.0740	-1.49
流动人口	-0.1800	0.3545	0.3508	-0.5345	0.0037	0.39

根据 MT 指数和基尼系数分解法得到的计算结果，为评价社会保障支出的收入分配效应提供了最基本的信息。但是，这两种方法各自的结果是孤立的、片面的，甚至是误导的，两种结论之间缺少必要的联系，且表面看上去是矛盾的。就此方法的局限性，上文已有充分的讨论，在此不再赘述。下面展示基于基尼系数路径曲线和最小基尼系数曲线分析我国社保支出的收入再分配效应的评价结果。

（三）基于基尼系数路径曲线的分析

图 4－4 给出了社保支出的基尼系数路径曲线以及其他相关曲线，此处的补贴为各项补贴的合计。图 4－4－1 表示补贴前收入的洛伦茨曲线和补贴的集中度曲线，它们分别是图形化的基尼系数和集中度，由此可以看出，补贴不仅是累进的，而且按补贴前收入排序的补贴集中度（即补贴初始集中度）为负数，根据上文的讨论，在此情况下，随着补贴规模的扩大，补贴最终要改变收入的排序。图 4－4－2 给出了补贴收入基尼系数的路径，即在其他收入构成保持不变的情况下，补贴后基尼系数随补贴增加的路径，其形状为“U”形，即补贴最初增加，能够缩小收入差距；但到了一定规模后，补贴的增加反而扩大了收入差距。图中与横轴垂直的虚线表

示实际补贴率，即 2013 年政府补贴占补贴之前收入的比重（单位为%）。首先，从该图可以得到 MT 指数和基尼系数分解所能提供的全部信息，即虚线与基尼系数路径的交点为补贴后收入的基尼系数，其值明显小于路径曲线的起点（补贴前收入的基尼系数），说明与无补贴时相比，补贴后收入差距显著降低。交点处基尼系数路径曲线的斜率为正数，说明增加补贴非但不能缩小收入差距，反而将扩大收入差距；相反，缩小补贴规模反而能改善收入不平等。更重要的是，基尼系数路径曲线清晰地显示了基尼系数随补贴规模的变化趋势，补贴的收入分配效应由此一目了然。

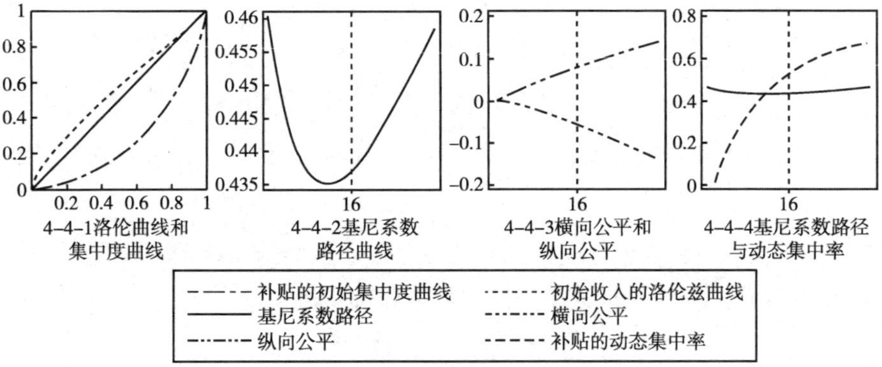

图 4－4　我国政府补贴的基尼系数路径曲线相关图

注：图 4－4－2、图 4－4－3、图 4－4－4 横轴均为补贴率，纵轴分别为基尼系数、横向公平和纵向公平估计值、基尼系数或集中率。

图 4－4－3 显示了补贴横向公平和纵向公平效应随补贴的变化趋势。由此可以看出，在给定补贴初始分布的条件下，随着补贴率的提高，纵向公平效应逐渐上升，即缩小收入差距的力量不断增强。但与此同时，随着补贴率的提高，因补贴改变收入排序所导致的横向公平被破坏的情况不断加重，两种效应相互作用的结果令补贴后基尼系数由下降转为上升，呈现“U”形。图 4－4－4 给出了补贴的动态集中度和基尼系数路

径，据此可以解释补贴收入分配效应随补贴增加的变化。该图显示，随补贴率上升，补贴的动态集中度（即按补贴后收入排序计算的补贴集中度）由负到正直线递增[①]。这意味着，补贴的分布最初显著倾向于低收入人群，但随着补贴的增加，低收入人口的相对收入逐步上升，补贴对低收入人口的倾斜程度逐渐减弱，当补贴的动态集中度超过补贴后收入基尼系数时，接受补贴的住户已为高收入人群，进一步增加补贴非但不能缩小收入差距，反而会起到相反的作用。目前我国补贴率已经超过了这一关键点，若不改变补贴的分布而单纯地提高补贴的总体水平，其结果是加剧收入不平等。

以上就社会保障支出总额的收入分配效应进行了考察。社会保障支出是由不同项目构成的，如不同类型的养老保险、医疗保险、低保等，不同项目的收入分配效应应当是不同的，并同样可用以上方法进行分析和评价。在本章使用的CHIP2013住户调查数据中，来自政府的转移收入有离退休金、城镇居民养老保险、农村居民养老保险、报销医疗费、低保、惠农补贴以及其他政府补贴。其中的离退休金为行政事业单位的退休金和城镇企业职工养老金的合计，也就是说，该数据未区分行政事业单位和城镇企业退休人员在退休待遇上的差异。

MT指数法和基尼系数分解法也可用于评价分项政府补贴的收入分配效应，但限于篇幅，以下仅利用基尼系数路径曲线进行考察。图4－5中的分项补贴的初始集中度均小于零，这意味着因补贴率增加所形成的补贴后收入基尼系数路径曲线均为“U”形，即在补贴率较低时，增加补贴可缩小基尼系数，当补贴率高到一定程度后，增加补贴反而使（含

① 这一点由补贴的初始分配决定，详见前文关于方法论的讨论。

补贴在内收入的）基尼系数上升，从而恶化收入不平等。但部分补贴的补贴率较低，距离“U”形的拐点较远，因此图中并未显示完整的“U”字形状。从该图可以得出以下结论：首先，与横轴垂直的补贴率线与基尼系数路径交点（表示补贴后收入基尼系数）均低于基尼系数路径的起点（补贴前收入基尼系数），说明每种补贴均有缩小差距的作用；其次，各项补贴中，离退休金、报销医疗费以及城镇居民养老保险的水平，已经超过了“U”形最低点的补贴率（离退休金尤其如此），进一步增加这些补贴将使基尼系数上升，扩大收入差距。相反，低保、农村居民养老保险、惠农补贴等的补贴率处于“U”形最低点的左端，增加这些补贴将使（补贴后收入）基尼系数进一步下降，缓解收入不平等。

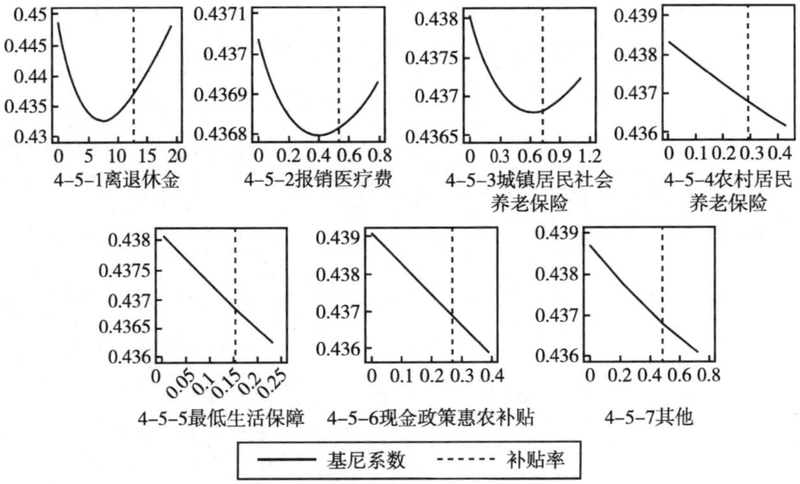

图4-5 分补贴类型的基尼系数路径曲线

注：图中横轴均为补贴率，纵轴分别为针对不同转移收入的基尼系数。

（四）基于最小基尼系数曲线的分析

以下通过最小基尼系数曲线考察我国社会保障支出在缩小收入差距上的效率，相关计算结果显示在图4-6中。

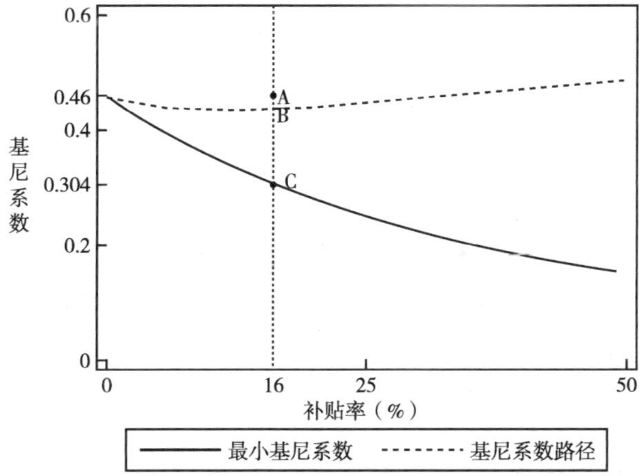

图 4－6 我国社会保障支出的基尼系数路径曲线和最小基尼系数曲线

根据图 4－6 中基尼系数路径与最小基尼系数曲线的距离较远可知，我国现行社会保障的分配方式在调节收入差距方面是非常无效率的。现有社会保障规模占市场收入的 16%，若以调节收入差距作为唯一目标的话，现有的补贴最多能使基尼系数下降为 0.304，再分配效应为图中 AC 的长度 0.1563，而实际的补贴后基尼系数为 0.4368，再分配效应仅为 AB 的长度 0.0235，实际的再分配效率仅为 AB/AC = 15%。若想提高此效率，使 B 点向 C 点移动，须改变分配方式，向理想的“补短板”的分配方式靠近，具体说，首先提高补贴对低收入人口的瞄准精度，扩大补贴范围至所有低收入家庭；其次保证补贴适度，避免出现部分人补贴后收入过高的现象，主要是控制高额离退休金的增长速度。

二、政府间转移支付的地区间财力均等化效应

政府间转移支付（或政府间补助），是政府间财政关系的重要组成部分，其功能在于解决两个不均衡和一个外部

性。两个不均衡指的是横向不均衡和纵向不均衡，前者来源于地方经济发展程度不一导致的地区财力差距与基本公共服务均等化要求之间的矛盾；后者根源于按效率原则对事权和财权进行划分时所产生的地方政府事权过大和中央政府财权过大之间的矛盾。两个不均衡的解决，需要中央政府对地方政府进行转移支付，为此实施的转移支付应当具有地区间财力均等化效应。外部性指的是地方政府提供的多数公共物品均具有正的外部性，地方政府决定其产量，并不考虑该公共物品带给其他地方的利益，因此公共物品的产量通常小于社会最优产量，中央政府通过转移支付，增加地方政府提供的具有正外部性的公共物品，使其达到社会最优产量。

转移支付通常包括不指定用途的一般性转移支付和指定用途的专项转移支付①，前者通常用于解决横向不均衡和纵向不均衡，后者通常在纠正外部性时使用。和转移支付的通常分类相似，我国中央政府对地方政府的转移支付也划分为一般性转移支付和专项转移支付两种，除此之外，通常还包括税收返还。其中的一般性转移支付，除了完全不指定用途的均衡性转移支付之外，同时包括用途指定较为宽泛的分类拨款，如基层公检法司、义务教育、基本养老金和低保等、新型农村合作医疗等、村级公益事业奖补等转移支付②。

就我国转移支付的财力均等化效应，文献已有研究，但以往文献几乎无一例外地采用了 MT 指数和按收入来源分解基尼系数两种方法的其中之一。例如，尹恒、康琳琳和王丽娟

---

① 按国际惯例，一般性转移支付，除了包括完全不指定用途的转移支付之外，同时也包括用途指定较为宽泛的分类拨款（block grants），相关定义参见贾晓俊、岳希明、王怡璞：《分类拨款、地方政府支出与基本公共服务均等化》，《财贸经济》，2015 年第 4 期。

② 注意：我国转移支付的官方分类经过了几次变化，名称因时间而异，相同名称的转移支付在不同时期属不同的转移支付，相关信息参见贾晓俊、岳希明：《我国不同形式转移支付财力均等化效应研究》，《经济理论与经济管理》，2015 年第 1 期。

（2007）运用收入来源不平等分解法对转移支付的财力均等化效应进行了分析，得出上级财政转移支付不但没有起到均等县级财力的作用，反而拉大了财力差异的结论。贾晓俊和岳希明（2015）通过基尼系数分解法考察了我国转移支付的地区间财力均等化效应，发现一般性转移支付和专项转移支付在资金分配上均向财力较弱的地区进行了倾斜，具有财力均等化效应。鲍曙光（2016）用转移前后泰尔指数的差值衡量了转移支付对地区财力差异的影响，发现转移支付缩小了地区间的财力差异。如前文反复强调的，基于 MT 指数和基尼系数分解法的分析是不完整的，有时甚至是误导的，为此，本章使用基尼系数路径曲线和最小基尼系数曲线进行分析。

本节使用的数据为 2012 年度的分省数据，财政收入和转移支付数据来源于《中国财政年鉴》《地方财政运行分析》和《地方财政分析资料》，分省人口数据取自《中国统计年鉴》。由于税收返还也是中央政府向地方政府转移的重要收入，且规模较大，这里将中央政府对地方政府的全部转移支付区分为一般性转移支付、专项转移支付和税收返还三类进行分析[①]

（一）基于 MT 指数和基尼系数分解的分析

表 4－2 展示了各类转移支付的初始累进指数、MT 指数和边际效应，从中我们可以得到中央政府转移支付在地区财力均等化中的作用。由表 4－2 第 2 列可知，按地方本级收入排序，一般性转移支付、专项转移支付的初始集中度均为负数。虽然税收返还的初始集中度为正，但也明显低于地方本级收入的基

① 2016 年，我国中央对地方的一般性转移支付为 31864.93 亿元，专项转移支付为 20708.93 亿元，税收返还为 6826.84 亿元，三者占中央对地方转移支付和税收返还的比重分别为 53.6%、34.9%、11.5%。数据来源：财政部网站“2016 年中央对地方税收返还和转移支付决算表”。

尼系数，因而总体和分类转移支付的初始累进性指数均小于零。这说明中央政府的转移支付是累进的，其分配更倾向于财力较弱地区。正是转移支付的这种初始累进性，使得补贴转入后，以基尼系数衡量的地方政府间财力不均等程度下降。例如，全部转移支付使地方本级收入基尼系数由 0.2783 降为 0.1666，MT 指数为 0.1117，说明转移支付起到了均衡地方财力的作用。基尼系数的边际效应为负，意味着若进一步增加转移支付的规模，地区间财力不均等程度还能够进一步降低。

表 4-2 我国转移支付的财力均等化效应——MT 指数和基尼系数分解结果

转移支付类型	补贴的初始集中度 ①	地方本级收入基尼系数 ②	补贴后基尼系数 ③	初始累进性指数 ④（=①-②）	MT 指数 ⑤（=②-③）	边际效应 ⑥
全部转移支付	-0.0863	0.2783	0.1666	-0.3646	0.1117	-0.18
一般转移支付	-0.0665	0.2104	0.1666	-0.2769	0.0438	-0.13
专项转移支付	-0.0525	0.1842	0.1666	-0.1317	0.0176	-0.05
税收返还	0.1652	0.1663	0.1666	-0.0011	-0.0003	0.00

分项转移支付的测算结果表明，不同类型转移支付均衡财力的作用是不同的。从初始累进性指数和 MT 指数的计算结果可知，一般性转移支付的累进性最强，以 MT 指数衡量的再分配效果也最明显；专项转移支付的初始累进性和再分配效果均次之；税收返还的累进性最弱，而再分配指数显示税收返还实际上增加了地区财力的不均等。从边际效应来看，等比例增加一般性转移支付和专项转移支付的比重都可以降低地方财力基尼系数，其中一般性转移支付对基尼系数的边际降低程度最大，专项转移支付的作用相对较小。税收返还规模的进一步扩大几乎不改变基尼系数值。值得注意的是，不论总体还是分类转移支付的边际效应都较小，均不超

过0.2%，意味着转移支付规模增加1%，基尼系数的降低程度不足0.2%。这说明增加转移支付规模对降低地区间财力不均等是不起显著作用的。

（二）基于基尼系数路径曲线的分析

图4-7-1为补贴前中央政府转移支付的集中度曲线和政府财力洛伦兹曲线，从中可以看出，集中度曲线位于绝对均等线之上，说明中央政府倾向于将转移支付更多地分配给自有财力较少的地区，转移支付因而具有改善地方财力不均的作用。图4-7-2展示了随转移支付率（即转移支付对转移支付之前财政收入的比率）提高的基尼系数路径曲线，从中可以看出，现有转移支付的规模位于“U”形图最低点的左端，这意味着继续扩大转移支付规模能够带来地方财力基尼系数的降低。但由于现有补贴规模下的基尼系数已接近最低点（其均等化效应已占最低点均等化效应的93%），增加补贴规模所能带来的基尼系数下降空间已非常有限。因此，仅通过增加转移支付的规模并不能显著提高我国地方政府间的财力均等化程度。

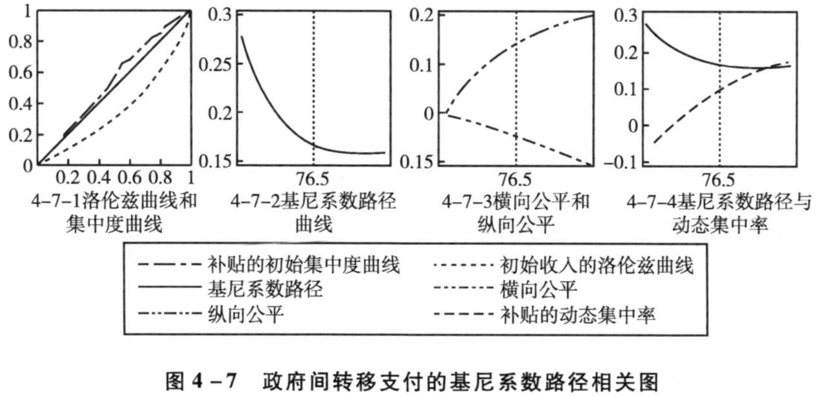

图4-7 政府间转移支付的基尼系数路径相关图

注：图4-7-2、图4-7-3、图4-7-4横轴均为补贴率，纵轴分别为基尼系数、横向公平和纵向公平估计值、基尼系数或集中率。

图 4－7－3 进一步展示了横向公平与纵向公平随补贴增加的变化趋势。随着补贴率的提高，纵向公平程度不断快速上升，表明理论上转移支付改善地方财力不均的能力在逐渐增强；与此同时，横向公平程度逐渐下降，说明转移支付改变了部分地区的财力排序，从而破坏了地区之间的横向公平，抵消了部分纵向公平的作用。由于横向公平的绝对值低于纵向公平，两种效应抵消后（包括转移支付在内的）人均财力基尼系数仍然保持下降。如果中央政府持续加大对经济落后地区的补贴，甚至使得贫困地区的政府财力在接受补贴之后反而超过了某些富裕地区，那么转移支付规模的扩大将使地方财力基尼系数在越过最低点之后上升。图 4－7－4 中的基尼系数路径与补贴的动态集中度曲线进一步说明了这一点。在现有的转移支付规模下，补贴的动态集中度低于基尼系数，因此加大补贴可以继续起到改善地方财力不均的作用。当动态集中度曲线与洛伦兹曲线相交时，地方财力基尼系数达到最低点，此时的补贴额度即为使地方财力均等化效应达到最强的转移支付规模。超过这一最佳规模，地方财力不均等程度又会加深。

目前我国转移支付由一般性转移支付、专项转移支付和税收返还三项构成，不同类型的转移支付，其地区间财力均等化效应是不同的，以下分别考察它们的财力均等化效应。

图 4－8 分转移支付类型，显示了转移支付后的地方财力基尼系数路径与相应转移支付的动态集中度曲线。图 4－8－2 和图 4－8－3 显示，在当前的补贴规模下，一般性转移支付和专项转移支付的动态集中度均小于补贴后地方财力基尼系数，且一般性转移支付的动态集中度更低。这说明从促进地方财力均等化的角度看，当前的一般性转移支付和专项转移支付均未达到最佳规模，增加对贫困地区的转移支付有利于进一步缩小地方政府之间的财力差距，其中以一般性转移支付的财力均等

化效应最明显，其次是专项转移支付。在现有的转移支付规模下，压缩专项转移支付而扩大一般性转移支付是有利于降低地方财力不均等程度的。税收返还的动态集中度略高于补贴后的地方财力基尼系数，说明税收返还对基尼系数的影响比较微弱，但增加该项补贴依然不利于地方财力均等化的实现。

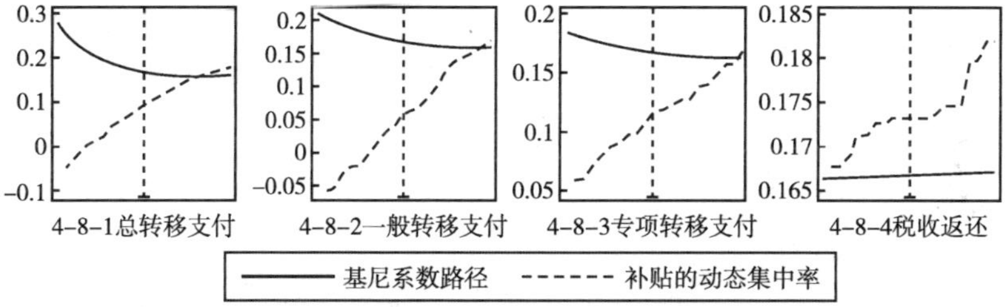

图 4 - 8　不同类型转移支付的基尼系数路径曲线

注：图中横轴为不同类型转移支付率（转移支付 ÷ 自有财源 ×100），纵轴为针对不同类型转移支付的基尼系数和集中率。

（三）基于最小基尼系数曲线的分析

以下通过最小基尼系数方法评价目前我国转移支付的财力均等化的效率，相关计算显示在图 4 - 9 中，其中的实线为

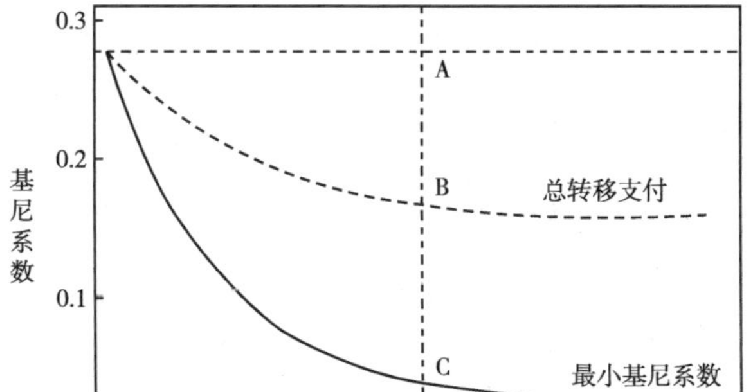

图 4 - 9　转移支付的最小基尼系数曲线

最小基尼系数曲线，虚线为包括转移支付的地方财力基尼系数路径曲线。

图4－9显示，目前的转移支付规模最高可使转移支付后财力的基尼系数降至0.0382，但实际上为0.1666，再分配效率为AB/AC＝46.63%。也就是说，在缩小地区间财力差距上，目前转移支付尚未实现其最大潜力的一半。若使转移支付的财力均等化效率进一步增强，就需要中央政府优化转移支付的分配方式，在保证转移支付资金惠及贫困地区的情况下，尽量避免因转移支付“分配过度”而导致的横向不公平。

以上两个应用实例展示了两种不同的政府补贴的基尼系数路径曲线的相对位置，二者的政策含义具有显著差别。应用例一中，当前社会保障支出规模下的基尼系数已经超过了再分配政策可能实现的基尼系数路径最低点，因而继续加大社会保障支出反而会加大居民收入差距。在这种情况下，改善居民收入分配的途径不是扩大补贴规模，而是改变分配结构，纠正养老金等社会保障项目分配过度的状况。而在应用例二中，现有的转移支付规模还未达到基尼系数路径曲线中的最低点，地方财力差距还有进一步缩小的空间。此时的政策选择应是扩大转移支付规模，尤其是增加再分配效应更强的一般性转移支付的比重。此外，两个实例的再分配效率都不高，尤其是社会保障支出的再分配效率仅为15%，说明在不改变补贴规模的情况下，调整补贴的分布可以显著改善补贴后收入分配状况。

三、结论

政府补贴是缩小居民收入差距的重要手段，因此准确衡量补贴的收入再分配效应是非常重要的。遗憾的是，常用的研究方法存在显著的不足，通常会给出孤立、片面，甚至相互矛盾的信息，因此以往的研究未能对政府收入再分配政策进行全面、准确的衡量。由于补贴政策的再分配效应主要取决于补贴的分布和规模两个因素，因此本章提出使用基尼系数路径曲线，并结合最小基尼系数曲线，来分析和评价补贴政策的收入再分配效应。

本章的主要内容包括方法论的讨论和应用实例的展示两部分。首先在方法论方面，本章阐述了基尼系数路径曲线和最小基尼系数曲线的概念、形状及成因。研究发现，根据初始累进性和排序一致性的不同组合，补贴的基尼系数路径曲线可以呈现出单调递增、水平不变、先水平不变后递增、单调递减/先递减后水平不变以及先递减后递增的形状。现实中大多数政府补贴的基尼系数路径曲线呈现出先递减后递增的“U”形变化趋势。最小基尼系数曲线是一条先单调递减，达到零值后保持不变的曲线。基尼系数路径曲线和最小基尼系数曲线之间的距离，可衡量补贴的收入再分配效率和潜力。

基尼系数路径曲线和最小基尼系数曲线可应用于准确分析各类补贴性政策的再分配效应。本章以社会保障支出的收入再分配效应和政府间转移支付的地区间财力均等化效应为例分析了这两种曲线的应用性。研究结果表明：我国的社会保障支出规模已经超过了使基尼系数路径曲线达到“U”形最低点的补贴规模，即出现了对部分人“分配过度”的现象，若简单增加补贴规模，会扩大居民收入差距。但我国社会保障支出的再分配效率比较低，仅为15%，因此通过调整补贴的分布可显著改善其收入再分配效应。从社会保障支出构成的角度看，增加农村居民养老保险、最低生活保障以及退耕还林还草、粮食直补等政策性惠农补贴的补贴规模可显著缩小收入差距；而与之相反，离退休金、报销医疗费和城镇居民养老保险规模的简单增加将会恶化收入分配，应调整其分配方式，控制部分极高离退休金、报销医疗费和城镇居民养老保险收入的增长，将社会保障支出更多地给予低收入人口。从促进地方财力均等化的角度看，我国当前的政府间转移支付未达到但已接近其均等化效应最大时的补贴规模，但其再分配效率不足最大潜力的一半。三种转移支付类型中，一般转移支付和专项转移支付的基尼系数路径曲线为“U”形，并且转移规模并未达到“U”形最低点的规模，而税收返还的基尼系数路径曲线为单调递增。因此扩大一般性转移支付和专项转移支付的规模，或减少税收返还的规模能够进一步缩小地方政府间的财力差距，但作用有限。调整政府间转移支付的分配方式，使转移支付向“补短板”的分配方式转变，将补贴更多地转移给地方总收入较低的地区，能够大力改善转移支付的地区间财力均等化效应。

第五章

2020年后保障性财政扶贫资金使用创新问题研究

第一节 引言

2018年《中共中央 国务院关于打赢脱贫攻坚战三年行动的指导意见》明确，“强化综合保障性扶贫统筹各类保障措施，建立以社会保险、社会救助、社会福利制度为主体，以社会帮扶、社工助力为辅助的综合保障体系，为完全丧失劳动能力和部分丧失劳动能力且无法依靠产业就业帮扶脱贫的贫困人口提供兜底保障”，提出了坚持开发式扶贫和保障性扶贫相统筹的要求。增加对于弱劳动力和无劳动能力等弱势群体的综合保障性扶贫政策，充分发挥社会保障的兜底扶贫的作用，应当成为今后脱贫攻坚战中的一项重要工作。

党的十一届三中全会以来，我国扶贫事业经历了救济式扶贫（1978～1985年）、开放式扶贫（1986～1993年）、“八七扶贫攻坚”（1994～2000年）、实施农村扶贫纲要（2001～2010年）和农村扶贫开发纲要（2011～2020年）、精准扶贫（2013～2020年）5个阶段（扶贫办，2018）[①]。长期以来，中国式扶贫开发以改善农村基础设施和培养农户生产能力为主，目的在于培养贫困地区农户自我创收的能力，从而获得长期的增收来源。自开发式扶贫政策实施至今，绝大多数因缺少农业生产条件、交通不便利以及生存环境不适宜等原因所导致的贫困问题得到了解决。尤其是2001～2010年“整村推进”扶贫项目的实施，为农村基础设施条件的改善做出了巨大贡献。但是，对于贫困户中那些因病、因残和因学致贫家庭来说，通过培养长期增收能力的政策却越来越难以达到预期的效果。要解决最后这部分人口的脱贫问题，在开发式扶贫政策之外，亟须建立农村保障性扶贫体系。

保障性扶贫是针对开发式扶贫效果逐渐减弱，适用于少数极端贫困人口的兜底扶贫保障制度。保障性扶贫的代表性人群为老年人、残疾人、重病患者及深度贫困家庭的子女，目标在于解决农村地区因病、因残及因学导致的贫困问题，为缺乏自我劳动力的贫困户提供生活、健康、居住、养老、教育等方面的救助和扶贫保障。从实际情况看，中央政府已经做了大量保障性扶贫方面的工作。比如，针对城市和农村贫困人口，国务院在1997年和2007年分别建立了城市居民最低生活保障制度和农村最低生活保障制度；2003年开始，

① 国务院扶贫办信息中心：《数说中国扶贫开发历史》，《数据快报》，2018年第18期。

逐步建立新型农村合作医疗制度，对农村贫困家庭实行医疗救助，建立了覆盖农村户籍人口的基本医疗保险制度。2011 年，中共中央、国务院提出“两不愁、三保障”的脱贫目标要求，要求满足贫困人口不愁吃、不愁穿和教育、医疗、住房等保障需求；2017 年，全国实行了健康扶贫“三个一批”行动计划，针对大病、慢性病及重病问题对群众进行保障等。在一系列保障性扶贫政策的共同作用下，国家统计局贫困监测数据显示 2018 年全国贫困人口规模 1660 万人，贫困发生率降至 1.7%。

在 2020 年之后，随着减贫事业进入相对贫困阶段，财政投入的力度和结构需要做出全面的筹划。为了解决扶贫项目的瞄准性问题，提高扶贫类财政资金的使用效率，本章从完善基本公共服务的角度给予讨论，基本思路是，目前我们农村贫困人口的很大一部分为因老致贫（即老年人贫困发生率较高）、因病致贫和因学致贫，养老、治病和就学本为基本公共服务范畴，应通过增加保障性财政扶贫投入，完善基本公共服务的方式给予解决。农村地区老人、学生和身体健康状况欠佳者应该成为 2020 年后财政扶贫资金的主要帮扶对象。

本章内容安排如下：第二节是当前财政支持扶贫的问题；第三节通过分不同人群组计算贫困发生率，显示农村老年人口、学生以及健康状况欠佳人群更容易陷入贫困，进而分析贫困问题产生的根源；第四节财政支持机制设计，包括实证分析各种政府转移性补贴对中国农村的减贫效应，考察增加新农保养老金补贴、医疗补贴和教育补贴对农村贫困的缓解效应，及提高新农保养老金补贴标准需要增加的财政支出；第五节是财政支持政策和行动建议。

第二节 当前财政支持扶贫的问题

财政支持扶贫存在的主要问题是扶贫资金的问题。首先，需要界定中国政府支持扶贫开发项目资金与中央财政支持扶贫开发的资金两个概念。自20世纪80年代以来，中央财政支持扶贫开发的资金经历了多次整合，2017年3月，财政部等6部委在印发的《中央财政专项扶贫资金管理办法》中将中央财政支持扶贫开发的资金界定为中央财政专项扶贫资金，是中央财政通过一般公共预算安排支持各省（自治区、直辖市）及新疆生产建设兵团的资金，主要包括扶贫发展资金（包括支援经济不发达地区发展资金、“三西”农业建设专项补助资金、新增财政扶贫资金等，以下简称发展资金）、以工代赈资金、扶贫贷款财政贴息资金、少数民族发展资金等。而中国政府支持扶贫开发项目资金是一个更宽泛的概念，自1986年以来，发展资金、以工代赈和贴息贷款是最大的三块资金，其中财政部负责发展资金的管理工作，发展和改革委员会负责管理以工代赈扶贫资金，中国农业银行承担扶贫贴息贷款的管理工作。中央财政支持扶贫开发资金是中国政府支持扶贫开发项目资金的主体部分，但二者又有着一定的区别。比如，中央财政支持扶贫开发资金中包括的是用于扶贫贷款的贴息资金，而中国政府支持扶贫开发项目资金包括的是贴息扶贫贷款，评价的主要指标是贴息贷款累计发放额。由于中国政府支持扶贫开发项目资金的多头管理造成了相关数据的连续性和获得性较差，考虑到以上两个概念的区别并不大，下文讨论的概念主体将根据相关数据的相对连续性进行选择。其次，通过分析财政扶贫资金，可以发现我国财政支持扶贫存在的主要问题：财政支持扶贫资金的规模、资金的支出结构、扶贫开发项目的投向、扶贫资金的瞄准性等。

一、中央财政专项扶贫资金支出与财政支出的增速不匹配

中央财政专项扶贫资金实际支出增速较财政支出慢，存在明显波动。我们对1985～2015年中央财政专项扶贫资金名义支出、财政名义支出有关数据进行了对比，并分别通过农村居民消费价格指数、居民消费价格指数对中央财政专项扶贫资金名义支出、财政名义支出进行了价格扣除，得出中央财政专项扶贫资金实际支出与财政实际支出增长对比数据折线图（图5-1、图5-2）。

通过图5-1，我们发现中央财政专项扶贫资金实际支出虽然自2000年以来一直保持增长，但增长的速度远低于财政实际支出的增长速度。

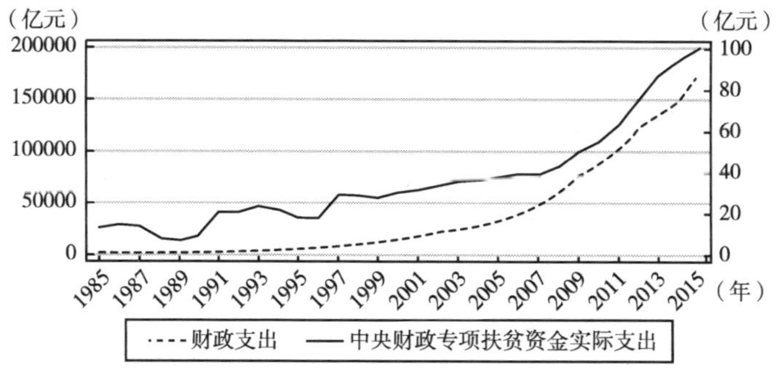

图5-1　中央财政专项扶贫资金实际支出（右轴）与财政实际支出

数据来源：根据国家统计局年度数据库、历年《中国农村贫困监测报告》及作者计算得出。

通过图 5－2，发现中央财政专项扶贫资金实际支出的增长率波动较大，尤其是 1991 年和 1997 年增幅都超过 50%，但在其他年份，中央财政专项扶贫资金实际支出的增长率曲线大都处于财政实际支出增长率曲线的下方，表明中央财政专项扶贫资金实际支出的增长率要低于财政实际支出的增长率。由此可见，中央财政专项扶贫资金支出的增长与整体财政支出增长还不匹配。

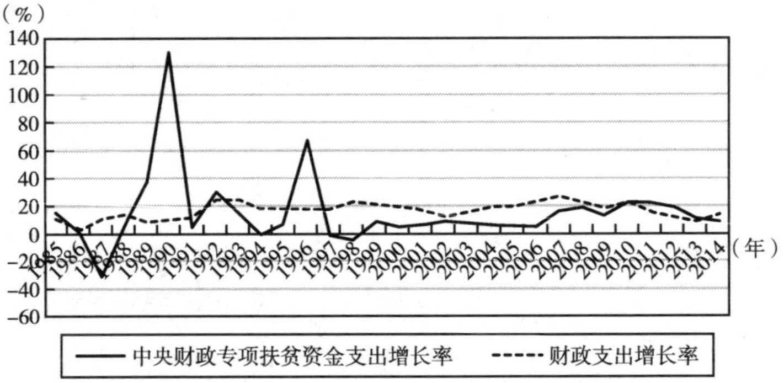

图 5－2　中央财政专项扶贫实际支出增长率与财政实际支出增长率

数据来源：根据国家统计局年度数据库、历年《中国农村贫困监测报告》及作者计算得出。

二、中国政府支持扶贫开发项目资金支出结构不合理，扶贫贴息贷款占比偏高

中国政府支持扶贫开发项目资金的主要支出结构中，更容易让富人受惠的扶贫贴息贷款占比偏高。从表 5－1 及表 5－2 可见，无论是从总体上看，还是从对扶贫重点县的投入上看，扶贫贴息贷款都占最大份额，且远远高出发展资金与以工代赈资金。研究表明，扶贫贴息贷款并不能更好地让真正的贫困户受益，一是因为扶贫贴息贷款的瞄准性很差。岳希明、李实（2003）认为贴息贷款资金更容易分配给能够取

得非农劳动收入的农户，而纯农户获得的较少。李小云、张雪梅、唐丽霞（2005）通过实地调查等方法研究了财政扶贫资金在县级、村一级的瞄准情况，认为扶贫贴息贷款的瞄准性最差，往往偏向于乡镇企业，并不能直接让贫困群体受益。二是扶贫贴息贷款往往在审批、放贷、担保方面存在较多限制条件，而且尽管有财政贴息补助，但发放贷款的中国农业银行仍然存在业绩考核的压力及追求利润最大化的商业目标，而且即使申请到贷款的贫困户也存在到期还款的压力，处于劣势地位的贫困人口较难受益于扶贫贴息贷款。

表5-1　中国政府支持扶贫开发项目资金主要支出结构　单位：亿元

年份	发展资金	扶贫贴息贷款累计发放额	以工代赈资金	合计
1986	10	23	9	42
1987	10	23	9	42
1988	10	29	0	39
1989	10	30	1	41
1990	10	30	6	46
1991	10	35	18	63
1992	10	41	16	67
1993	11	35	30	76
1994	12	45	40	97
1995	13	45	40	98
1996	13	55	40	108
1997	28	85	40	153
1998	33	100	50	183
1999	43	150	65	258
2000	48	150	50	248
2001	60	185	60	305
2002	66	185	60	311
2003	74	185	65	324

续表

年份	发展资金	扶贫贴息贷款累计发放额	以工代赈资金	合计
2004	82	185	64	331
2005	82	175	58	315
1986～2005平均值	31.75	89.55	36.05	
2008		140		
2014	16.3（少数民族发展资金）	153.3	40.9	210.5
2015	21.6（少数民族发展资金）	290.1	39	350.7

数据来源：1986～1999年数据来自姜爱华：《政府开发式扶贫资金绩效研究》，北京：中国财政经济出版社2008年版，第91页。2000～2004年数据来自刘坚：《新阶段扶贫开发的成就与挑战：〈中国农村扶贫开发纲要（2001～2010）〉中期评估报告》，北京：中国财政经济出版社2006年版，第74页。2005年数据来自张磊：《中国扶贫开发政策演变》，北京：中国财经经济出版社2007年版。2008年数据来自李培林、魏后凯：《中国扶贫开发报告（2016）》，北京：社会科学文献出版社2017年版，第12页。2014年数据来自国家统计局住户调查办公室：《中国农村贫困监测报告2015》，北京：中国统计出版社2015年版，第133页。2015年数据来自国家统计局住户调查办公室：《中国农村贫困监测报告2016》，北京：中国统计出版社2016年版，第202页。

表5－2　中国政府支持扶贫开发项目资金在扶贫重点县支出结构　单位：亿元

年份	发展资金	扶贫贴息贷款累计发放额	以工代赈资金	合计
2002	35.8	102.5	39.9	250.2
2003	39.6	87.5	41.8	277.6
2004	45.9	79.2	47.5	292.0
2005	47.9	58.4	43.3	264.0
2006	54.0	55.6	38.4	278.3
2007	60.3	70.5	35.4	316.7
2008	78.5	84	39.3	367.7
2009	99.5	108.7	39.4	456.7
2010	119.9	116.1	40.4	515.1

数据来源：国家统计局住户调查办公室：《中国农村贫困监测报告2011》，北京：中国统计出版社2012年版，第132页。

三、扶贫资金投向农业及基础设施建设领域比例高，而科教卫生领域的比例太低

从扶贫资金投向结构看，投向农业及基础设施建设领域比例高，投向科教卫生领域的比例太低。由表 5－3 可知，2000～2010 年，中国政府支持扶贫开发项目资金投入农业领域的比例最高，其次为基础设施领域。投入农业领域的资金比例仅在 2002 年和 2003 年低于投入基础设施领域的资金比例，其他年份的比例始终保持在 33% 以上。投入教育、卫生与科技领域的资金比例太低，且未出现明显增长。造成这种分配倾向的原因可能是由于中国农业生产抗风险能力较低，还需要持续的大量资金投入，而科教文方面的投入见效慢且不能在当期显现。但通过曾福生等（2015）的实证研究，科教文投入的产出弹性最高，对农民人均纯收入增长的贡献率也较高，而基础设施投入的产出弹性为负数，对农民人均纯收入增长的贡献率也为负数。汪三贵等（2004）利用 1998～2001 年数据，对扶贫资金的投向部门、效果以及对贫困户对扶贫资金投向的实际需求进行了分析，得出投入农业的扶贫资金最多，其中种植业的投入占比最大。从扶贫投资的效果看，短期内基础设施投资对收入增长的影响不显著，有时甚至为负。从贫困户对扶贫资金投向的实际需求来看，通过在河北、甘肃、云南抽取 720 个样本，采取快速评估法研究发现贫困户的需求主要集中在对子女的教育问题和减轻看病费用问题。要重点解决贫困户看病及子女教育费用高的问题，应当大幅增加社会服务领域的扶贫投入。但从表 5－3 的数据来看这一需求显然没有得到很好的满足。

表 5-3　中国政府支持扶贫开发项目资金投向结构　单位:%

年份	农业	工业	基础设施	教育	卫生	科技	其他
2000	41.12	22.76	18.96	2.22	1.30	1.16	12.49
2001	35.54	26.58	21.50	2.59	1.44	1.24	11.10
2002	30.02	15.03	37.21	3.24	1.40	0.80	12.31
2003	30.46	14.31	37.46	2.75	1.34	0.76	12.93
2004	33.57	11.80	31.23	2.72	1.34	0.93	18.40
2005	35.29	12.14	29.83	3.34	1.10	1.33	16.96
2006	39.23	10.86	28.45	2.32	1.14	1.55	16.45
2007	39.65	9.46	27.48	2.07	0.92	1.27	19.14
2008	39.74	9.07	28.64	2.16	0.93	1.23	18.22
2009	42.13	8.15	26.38	2.38	0.97	1.15	18.84
2010	36.45	8.27	23.88	4.33	0.78	1.10	25.18
2000~2010 平均值	36.65	13.49	28.27	5.03			16.55
1998~2010 平均值	40	17.1	22.6	4.7			15.6

数据来源：曾福生、曾志红、范永忠：《克贫攻坚：中国农村扶贫资金效率研究》，北京：中央编译出版社 2015 年版，第 128、156 页。其中，2000~2010 年平均值为作者计算。

四、扶贫资金对贫困人口的瞄准性较差，且扶贫资金下沉的层级越低越容易瞄不准

从瞄准性来看，当前以收入为主要考量标准的瞄准性较差，且扶贫资金下沉的层级越低越容易瞄不准。岳希明、李实（2003）对贫困县扶贫的瞄准问题以及资金分配问题进行了研究，发现扶贫资金在省一级的瞄准度较高，而在县一级瞄准不够精准，扶贫资金在县一级的分配与县人均纯收入之间不存在严格的负相关关系。在县一级扶贫资金的分配中，纯农户获得扶贫资金的机会很少，扶贫资金更容易被分到能够赚取非农劳动收入的农户手中，而并非到贫困户手中。李小云等（2005）通过实地调查等方法研究了财政扶贫资金在

县级、村一级的瞄准情况，分析了扶贫项目目标瞄准和信贷扶贫资金瞄准的精度，得出的结论是，中央及地方对村一级贫困村的识别方法是有效的，在村一级扶贫资金瞄准度的差异主要是由于不同类型的扶贫资金归口不同的上级部门管理，且遵循不同的管理规定，其中，财政发展扶贫资金达到贫困村的比例最高。扶贫项目对贫困户的瞄准度很低，受管理方便及农户需求分散的影响，扶贫项目更容易被中等收入群体获得。而贴息扶贫贷款的瞄准性最差，往往不能直接让贫困群体受益。汪三贵等（2007）年对2001～2004年贫困村的确定、识别及瞄准效率进行了研究，发现在政策设计之初，原以为收入越低的村被确定为贫困村的可能性越大的设想，在实际操作过程中往往是与县级瞄准相比，村级瞄准覆盖的贫困人口更少，以收入为标准的村级瞄准的错误率更高。而在地区之间，西部地区比东部地区更能有效识别出覆盖更多贫困人口的贫困村。Linxiu Zhang 等（2003）认为中国扶贫项目的瞄准存在一定的误差，许多贫困地区未能纳入扶贫计划中。

第三节 问题产生的根源分析

近年来，我国农村贫困现状获得了显著的改善，统计局资料显示2018年底全国农村贫困人口降至1600万人，贫困发生率仅为1.7%。在2020年全面消除绝对贫困方针的指引下，对剩余的这部分农村贫困人口有针对性地制定脱贫方案是精准扶贫的要求。在制定精准脱贫方案之前，一个非常关键的内容就是了解这些贫困人口具有怎样的特征，也可以理解成对贫困人口致贫原因的分析。已有研究发现，因老年致贫、因病致贫、因教育致贫是贫困产生的三个重要原因，因为这部分群体因为年龄、健康等问题，导致劳动能力下降，劳动生产率较低，同时缺少社会保障，又容易受到冲击陷入贫困。本节使用 CHIP2013 住户调查数据从年龄、受教育程度、健康状况等指标对不同分组下中国农村贫困发生率进行了测算，通过贫困人口的特征深入挖掘贫困问题产生的原因。

一、贫困问题产生的原因

贫困问题一直得到学者的广泛关注，但贫困问题产生的原因比较复杂，贫困的影响因素不是单一的，更多情况下是由于多种因素共同导致的。已有研究中，大部分学者认为老年贫困、因病致贫、因学致贫等个人或家庭因素，及不同地区的资源和环境差异、社会保障制度、基本公共服务、收入分配制度等社会因素均会导致贫困的产生。本章认为老年、因病、因学导致的贫困最为关键，尤其是因病致贫问题。汪三贵（2020）发现我国的建档立卡贫困人口中至少有一半是由于病患导致贫困的。具体来看：

一是老年贫困问题。陈银娥和何雅菲（2013）研究发现老年贫困（Agedness of Poverty）是一种趋势，中年人的收入最高，贫困发生率最低，年龄大于60岁的老人群体贫困发生率最高。也有学者把这种年龄与贫困的变化关系认为是一种倒“U”形关系。主要原因是老年人劳动能力下降，收入水平较低，更容易受到疾病等冲击而陷入贫困。

二是因教育导致贫困问题。随着居民受教育程度增加，贫困状况逐渐下降。教育作为一种人力资本，是增加劳动者收入、缓解收入不平等问题的重要因素，受教育程度较高的劳动者可以不断提升劳动生产率和资源配置效率，提高自身收入水平。同时教育对阻止代际贫困传递效果显著，贫困人口缺少基础教育，收入水平比较低，容易受到冲击而陷入贫困问题。蒋选和韩林芝（2009）发现农户的受教育程度对贫困存在显著影响，加大基础教育投资对减缓贫困意义重大。

三是健康状况导致的贫困问题。农村贫困人口的疾病治疗是导致贫困的一个重要因素，尤其是医疗保障水平较低的农村家庭，非常容易因为家庭成员疾病问题导致整个家庭陷入贫困的境地，因病致贫的现象在中国农村非常普遍。健康作为一种人力资本是影响贫困的重要因素。Fogel（1994）认为居民健康水平的提高避免了其长期营养不良导致的各种疾病，增加了劳动时间，并提高了劳动生产率，最后收入能力提升又减少贫困的发生。农村家庭在受到疾病冲击时更容易陷入贫困，主要原因是农村居民收入较低并且不稳定，获得医疗服务能力低，社会保障制度不完善，受到疾病的打击时更容易贫困。Bloom 等（2001）认为疾病与贫困相伴而生，健康投资往往倾向于向低收入者提供医疗、保健、公共卫生服务体系，从而能够改善收入结构，减少低收入患者陷入贫困陷阱的可能性。

二、不同特征组贫困发生率的测算

贫困发生率也就是贫困人口占总人口的比重，通常也被称为人头指数（或 FGT 指数）。通过比较不同特征分组的贫困发生率，可以了解我国贫困人口的基本特征，最终找到贫困问题的根源。本章使用北京师范大学中国收入分配研究院中国家庭收入调查2013年的数据（CHIP2013）。样本覆盖全国14个省份，主要调查住户个人和家庭基本信息，包含性别、年龄、家庭人口数、健康状况、受教育程度等指标。在剔除主要缺失变量之后，最终获得有效的农村住户样本35116个，对贫困发生率的测算使用了地区和人口权重。贫困线标准为2010年2300元不变价，换算到2013年当年为2736元。整体来看，不加权的贫困发生率约6.7%，按照地区人口权重加权后的贫困发生率为8.90%，对比2013年国家统计局公布的农村贫困发生率8.50%，说明加权后的计算结果更加接近全国实际水平。分组贫困发生率的计算类似，代表各组别中贫困人口占该组总人口的比重。可以发现，贫困发生率在不同人口特征分组中呈现较大差异，按年龄分组的结果显示，以农村老人（尤其是年龄高于70岁的老人）和0~15岁学生的贫困发生率显著更高；按受教育程度分组的贫困发生率结果显示，贫困发生率随着受教育程度的上升而逐渐下降；按身体健康状况分组的贫困发生率结果显示，身体不健康人群的贫困发生率显著更高。以下是各分组贫困发生率详细结果和对应的分析。

（一）按年龄分组的贫困发生率

对学生和老年人贫困问题的关注是本章的核心，原因在于这部分人群由于上学和体力等原因通常无法通过劳动和就业来获取收入，同时往往还伴随着大额的教育支出和医疗健康支出，如何保障这部分农村群体的基本生活，对降低农村整体贫困发生率至关重要。对不同年龄组的贫困发生率进行测算，结果表5-4所示。

表5-4　按年龄分组的贫困发生率

年龄区间	贫困发生率（%）
0~5岁	12.01
6~15岁	10.42
16~44岁	9.31
45~59岁	7.16
60~64岁	7.58
65~69岁	8.78
70~74岁	10.92
75~79岁	12.23
>80岁	12.31

数据来源：CHIP2013数据。

表5-4按年龄分组的贫困发生率呈现正“U”形分布，学生组（0~15岁）和老年组（60岁及以上），尤其是70岁及以上的老年人，贫困发生率显著高于其他组别，而45~59岁农村贫困人口的贫困发生率最低。虽然学生和老年群体的贫困发生率显著较高，但整体样本的贫困发生率为8.9%，因此可以合理的推测学生和老年人群在整个农村住户样本的占比并不太大。

（二）按受教育程度分组的贫困发生率

“因学致贫”是当前我国农村贫困现状中一个值得关注的现象，虽然当前农村基础教育的学费和营养餐支出已经完全由财政补贴，但部分贫困家庭仍然因其他种种原因难以保障小孩的基础教育，比如撤点并校之后增加的交通和住宿成本，高等教育的支出压力更大。除了观测到受教育程度与贫困发生率之间的线性关系以外，按受教育程度分组的贫困发生率还有着更加深远的意义，原因在于教育是当前中国社会阶层流动，尤其是低收入向中等和高收入阶层流动的最关键因素，与代际贫困之间有些循环往复的作用。如果贫困家庭的适龄儿童因上学负担高、路途较远等因素无法保障初等教育，接受高等教育的机会更渺茫，那么本人和下一代都极其容易陷入代际贫困的恶性循环中，因此，对农村学生的教育扶贫补贴除了作为人力资本投资以外，还可以作为家庭收入增长的长期保障。同时，农村贫困家庭的教育补贴还可以用于对儿童营养健康的改善，研究表明，孩童时期的营养水平很大程度决定了成年之后的智力水平。无论如何，对农村贫困家庭的适龄学生需要予以足够的资金扶持。

表5－5为按受教育程度分组的贫困发生率。结果显示，农村地区居民受教育程度的提高对减少贫困发生率是极为有效的，当受教育程度达到大专及以上时，贫困发生率仅为1.29%，基本可以认为不存在贫困人口了。即使是在接受了初中和高中/中专等教育之后，贫困发生率也显著低于未上过学和只接受小学教育的人群。将农户住户按受教育程度进行分组，主要目的还是在于观测受教育程度与贫困之间的关系。

表5－5　　按受教育程度分组的贫困发生率

受教育程度	贫困发生率（%）
未上过学	13.81
小学	10.93
初中	7.48
高中/中专	6.86
大专及以上	1.29

数据来源：CHIP2013数据。

（三）按健康状况分组的贫困发生率

农村贫困人口的疾病治疗是导致贫困的另一个重要因

素，因病致贫的现象在中国农村非常普遍。通常来讲，健康状况不好和非常不好的家庭由于医疗需求较高因而支出大，加之这些人群通常没有办法通过劳动获取收入，部分人群还需要家庭成员的照顾，导致整个家庭的劳动时间下降，家庭收入下降而支出增加，导致贫困的程度更严重。从这个角度来讲，财政扶贫资金需要对健康状况不太好的群体予以长期关注，无论是提高医疗报销比例，还是直接给予这部分人群现金补贴以保障基本生活都具有非常重要的意义。另一个需要明确的问题就是，按年龄分组和按健康状况分组的贫困发生率或许存在较大的重叠部分，原因在于老年人口的身体健康状况往往也不太好，因此对老年人或身体健康欠佳人群的补贴都将保障这部分人群的基本生活。按健康程度分组的农村居民贫困发生率结果见表5－6。

表5－6　　　　按健康状况分组的贫困发生率

健康状况	贫困发生率（%）
非常好	7.87
好	9.24
一般	8.79
不好	11.38
非常不好	10.72

注：健康状况是受访者的自评身体健康程度。数据来源：CHIP2013数据。

当家庭成员的健康水平提升以后，贫困发生率会显著下降。随着受访者自评健康状况从“非常好’到“非常不好”的变化，各分组的贫困发生率呈现显著的上升趋势。其中，健康状况“非常好”群体的贫困发生率最低，仅为7.87%；而健康状况“不好”群体的贫困发生率最高，达到11.38%，两者相差3.51%。“非常不好”的群体贫困发生率有所下降，主要原因是“非常不好”的群体得到了国家在医疗保险、低保等社会保障支出的支持，居民获得了一定的收入，贫困发生率略有降低。

三、小结

以上通过不同特征分组测算了农村贫困发生率的现状，结果表明我国农村贫困问题与家庭成员年龄（学生和老年人）、受教育程度和健康状况息息相关，这三个指标的变化对贫困的影响较大。主要表现为：年龄变化与受教育程度和健康状况变化存在明显的规律，年轻人的学历水平普遍高于老年人，年轻人的健康状况普遍高于老年人；受教育程度提高到高中及以上后，贫困发生率显著下降；当家庭成员的健康水平提高后，贫困发生率也发生明显的下降。

我们还需要思考的几个点：

第一，降低农村贫困发生率是解决农村贫困问题的重要指标，但这只是减少了贫困人口的数量，在缓解农村贫困中，还要注意农村居民的收入差距、贫困程度等。贫困人口中也存在接近贫困线和远离贫困线的情况，当贫困人口收入位于贫困线附近时，应适当增加这部分贫困人口收入，解决收入贫困即可；当贫困人口收入远离贫困线时，这部分贫困人口极有可能存在着能力贫困，需要长期给予扶持。能力贫困比收入或者消费贫困更加需要关注。

第二，分析致贫原因时要着重考虑三种情况：一是老年贫困。老年人劳动能力下降和农村社会保障机制不健全，导致农村老人收入不稳定，老年人又存在健康隐患，导致贫困可能性增加。二是教育贫困。随着教育投入的差距扩大，产生贫困人口的人力资本和收入水平较低的恶性循环，导致贫困可能性增加。三是因病致贫。健康与疾病是相对的，健康状况非常不好时，农村家庭面临的就是医疗支出的增加、照料时间的增加、家庭劳动力的减少等，导致贫困可能性增加。

第四节 财政支持机制设计

完善财政资金支持机制，最重要的是解决财政资金的规模、结构、投向领域、瞄准性等问题，其中财政扶贫资金的规模尤为重要。无论是低保、退耕还林等直接到户的财政扶贫资金，还是“整村推进”过程中以村为单位开展的农村基础设施扶贫项目都对农村贫困人口的减少和贫困发生率的下降起着非常重要的作用，可以说，政府补贴是中国农村居民可支配收入的重要来源，对其减贫效应研究是核心。首先，本节分析了农村居民可支配收入构成中各类政府补贴收入的规模和占比，以及各类政府补贴收入对农村居民贫困发生率下降的贡献程度，重点分析我国农村不同类型政府补贴的减贫效应。其次，通过研究扩大不同财政补贴规模的减贫效应，提出财政支持方向。最后，以养老金为例，测算出增加养老金支出需要财政提供的资金规模。总结发现，针对我国贫困人口老、弱、病等特征，扶贫开发项目的减贫效应减弱，保障性扶贫政策的作用凸显，我国应进一步增加养老、医疗、教育等保障性的财政支出规模。同时，也要加强对贫困人口的监控，建立贫困人口的退出机制；增加扶贫资金的瞄准性，真正瞄准贫困群体，提高扶贫绩效和实施精准扶贫。

一、不同类型政府补贴的减贫效应

（一）政府补贴收入的描述性统计分析

在政府补贴收入减贫效果的测算之前，首先对样本农户可支配收入的各构成部分进行描述性统计分析，比较整体样本、贫困组和非贫困组可支配收入构成的差异。农村居民可支配收入的构成包括政府补贴前收入（以下简称补贴前收入）和来自政府的转移性补贴收入（以下简称政府补贴收入）。在 CHIP2013 样本中，政府补贴收入类型主要包括：养老金或离退休金收入①、社会救济和补助收入（最低生活保障费）、政策性生活补贴、报销医疗收入和惠农补贴等。按照 2010 年不变价 2300 元的贫困线标准将样本分为贫困组和非贫困组，分组的描述性统计分析结果见表 5－7。

表 5－7　　不同类型收入变量的描述性统计

收入变量（人均）	整体样本		非贫困组		贫困组	
	规模（元）	占比（%）	规模（元）	占比（%）	规模（元）	占比（%）
一、补贴前收入	9302	92.56	10096	92.70	1174	81.30
二、政府补贴收入	748	7.44	794	7.29	270	18.70
（一）养老金收入	440	4.38	475	4.36	83	5.74
新农保收入	112	1.11	118	1.08	56	4.84
（二）低保收入	31	0.31	30	0.28	42	3.74
（三）医疗报销收入	85	0.85	92	0.84	16	1.28
（四）惠农补贴	111	1.10	113	1.04	91	8.30

① 由于存在乡村教师和乡镇企业等就业，按照现行养老保险制度相关规定，乡村教师领取离退休金，乡镇企业退休人员领取城镇职工养老保险，因此中国农村存在多种形式的养老金收入。

续表

收入变量（人均）	整体样本		非贫困组		贫困组	
	规模（元）	占比（%）	规模（元）	占比（%）	规模（元）	占比（%）
（五）其他政府补贴收入	80	0.80	85	0.78	37	2.55
三、可支配收入	10050	100	10891	100	1444	100
观测值个数	35116	100	32054	93.33	3062	6.67

注：表中政府补贴前收入指工资性收入、经营净收入、财产净收入和家庭外出从业人员寄回、带回收入等来自非政府转移性收入；养老金收入指家庭来自离退休金（含城镇职工养老保险）、城镇居民社会养老保险、新型农村养老保险和其他养老金，其中，新农保收入指家庭来自新型农村养老保险、养老金收入；低保收入指家庭人均最低生活保障费收入；现金政策性惠农补贴指退耕还林还草补贴和粮食直接补贴。表中收入占比表示各组中分项收入占该组可支配收入的比重。数据来源：CHIP2013 数据。

表5-7的结果显示，2013年农村居民年度人均可支配收入10050元，人均政府补贴收入748元，占可支配收入的比重7.44%。分组来看，非贫困组的农村居民可支配收入10891元，人均政府补贴收入794元，占该组可支配收入的比重为7.29%，贫困组农村居民人均可支配收入1444元，人均政府补贴收入270元，占该组可支配收入的比重18.70%。农户收入中政府补贴占比，贫困组显著高于非贫困组。

分政府补贴收入类型来看，养老金收入占居民可支配收入的比重最大，占整体可支配收入的比重为4.38%，其次是惠农补贴和医疗报销收入，分别是1.10%和0.85%。不同分组中政府补贴收入的构成也存在显著差异，其中，非贫困组农村居民政府补贴收入的主要来源是非新农保养老金收入，而贫困组农村居民的主要政府补贴收入是惠农补贴、低保收入和新农保养老金。可以说，增加对农村居民退耕还林还草和粮食直接补贴等惠农补贴，提高农村低保收入和新农保养老金标准对于农村贫困人口具有非常重要的意义。此处，我们重点突出新农保养老金的效果，新农保养老金占农村居民可支配收入的比重为1.11%，非贫困组为1.08%，贫困组为4.84%，从这个角度来讲，新农保养老金收入对贫困家庭老年人的影响更大。当前中国农村老年贫困问题突出，提高新农保养老金收入对农村老年人口的减贫效果不可忽视，因此下一节我们模拟测算了增加新农保养老金补贴的减贫效果。

（二）不同类型政府补贴收入的减贫效果

政府补贴收入的减贫效果可以通过比较不同收入构成的农村贫困发生率来度量。对农村居民可支配收入构成的分析结果显示，贫困组居民中政府补贴收入的占比更高，并且严重依赖惠农补贴、低保收入和新农保养老金。与政府补贴前收入的农村贫困发生率相比，各类政府补贴收入在多大程度上改善了农村贫困发生率？为回答这个问题我们分别从单加和累加两个维度测算了不同类型政府补贴收入的减贫效果。单加是将政府补贴前收入分别与每一项政府补贴收入相加，意在比较单个类型政府补贴收入的减贫效应；累加是在政府补贴前收入的基础上依次加入各类政府补贴收入，累加的最终项为居民可支配收入。结果见表5-8。

表5-8　不同类型政府补贴收入的减贫效果　单位：%

收入分项	贫困发生率	下降幅度（与补贴前收入相比）
补贴前收入	12.90	—
单加		
补贴前收入+新农保	12.09	0.81
补贴前收入+养老金（新农保+其他农村养老金）	10.85	2.05
补贴前收入+低保	12.43	0.47
补贴前收入+医疗报销	12.52	0.38

续表

收入分项	贫困发生率	下降幅度（与补贴前收入相比）
补贴前收入+惠农补贴	12.02	0.88
补贴前收入+其他政府补贴收入	12.28	0.62
累加		
补贴前收入+新农保	12.09	0.81
补贴前收入+养老金（新农保+其他农村养老金）	10.85	2.05
补贴前收入+养老金+低保	10.50	2.40
补贴前收入+养老金+低保+医疗报销	10.20	2.70
补贴前收入+养老金+低保+医疗报销+惠农补贴	9.39	3.51
可支配收入	8.90	4.00

注：养老金包含离退休金（含城镇职工养老保险）、城镇居民社会养老保险、新型农村养老保险和其他养老金；可支配收入=政府补贴前收入+养老金收入+低保收入+医疗报销收入+惠农补贴+其他政府补贴收入。

表5-8展示了不同类型政府补贴收入的减贫效果。在政府介入之前，按政府补贴前收入计算的贫困发生率为12.90%，经过养老金、低保、医疗报销、惠农补贴和其他政府补贴收入等不同类型政府补贴的累加之后，按可支配收入计算的贫困发生率为8.90%，表明政府补贴收入使贫困发生率降低了4个百分点。其中，不同类型政府转移支付工具的减贫力度呈现明显差异，养老金收入对减贫的贡献最大，使贫困发生率降低2.05%，养老金中的新农保养老金使贫困发生率下降0.81%；低保收入使贫困发生率下降0.47%；报销医疗收入使贫困发生率下降0.38%；惠农补贴使贫困发生率下降0.88%；其他政府补贴收入使贫困发生率下降0.62%。农村有效减贫是各类政府转移性补贴收入共同作用的结果，并且农村养老金收入是减贫的重要组成部分。

（三）小结

通过对不同类型政府补贴收入减贫效果的计算，证实了关于政府补贴对贫困人口减少和贫困发生率下降的重要作用，可以使农村贫困发生率从12.90%下降至8.90%。一个需要重点关注的内容就是农村养老金收入的减贫效应，对于非贫困家庭而言，离退休金、城镇职工等养老金收入是老年人收入的最重要来源，而新农保养老金收入是贫困家庭老年人收入的主要来源。整体来看，养老金收入使农村贫困发生率降低2.05%，贡献了政府补贴收入减贫效果的51.25%，而养老金中的新农保养老金使得贫困发生率下降0.81%，贡献了政府补贴收入减贫效果的20.25%。农村老年贫困问题日渐突出，新农保养老金收入作为老年人最重要的收入保障，提高老年人新农保养老金的领取标准具有非常重要的意义。

二、增加政府补贴收入的模拟减贫效应

本章第三节对我国农村地区致贫原因的分析结果显示，农村贫困现状中有两类指标（年龄和健康状况）和三类人群（老年人、学生和身体健康欠佳者）值得关注。其中，按年龄分组的结果表明，农村学生和老年人口的贫困发生率明显高于其他组别；按身体健康状况分组的结果显示，农村居民中身体不健康组的贫困发生率显著高于健康组人群。2020年后扶贫资金的主要帮助对象应成为农村老年人、学生和身体健康欠佳者。在本节中，我们测算了农户可支配收入中各类政府补贴收入（养老金、低保、医疗报销、惠农补贴等）的减贫效果，其中，以农村养老金收入的减贫效果最大，贡献

了减贫效果的51.25%，新农保养老金贡献了减贫效果的20.25%。

本章试图从完善农村基本公共服务的角度对2020年后财政扶贫资金的使用进行探索性的研究，主要的目标在于解决农村地区老年人、学生以及身体健康状况欠佳者的脱贫问题。对上述三类农村居民（老年人、学生和身体健康欠佳者）增加政府扶贫补贴收入可以显著降低贫困发生率，减贫效果很大程度取决于政府补贴的规模，然而现实情况往往表明财政扶贫资金的规模是有限的，因此，在一定的补贴标准下增加新农保养老金补贴、教育补贴和医疗补贴可能实现的减贫效果，是模拟测算需要回答的问题。

（一）新农保养老金补贴的减贫效果

表5-4的结果表明，农村老年人口，尤其是70岁以上老年人的贫困发生率显著更高，因此我们的模拟减贫方案一是新农保养老金补贴[①]。以CHIP2013新农保养老金的收入为初始标准，然后分别扩大不同倍数（系数分别为1.2、1.5、2、2.5和3），以观测农村老年人贫困发生率的变化。符合新农保养老金领取条件的人群是年龄超过60岁的农村老年人口，但是由于新农保养老金的覆盖面等原因，在我国农村地区仍然存在部分年满60岁但未获得新农保养老金的情况，CHIP2013数据中确实也存在[②]。在进行新农保养老金补贴减

---

① 虽然农村乡村教师、村干部等退休人员领取城镇职工或城镇居民社会养老保险，但大多数农村老年人以新农保养老金为最基本的收入来源，因此在养老金补贴扩大倍数的减贫效果测试我们只关注新农保养老金。

② 样本数据是在2013年，近年来新农保养老金的覆盖面不断扩大，已接近100%。CHIP2013数据中农村老年人口（以年满60岁计）为5736人，而实际领取养老金的农村老年人口数为4886人，有850名农村老年人口没有任何形式的养老金收入。

贫效果的测试之前，一个关键的问题是对现阶段符合新农保领取条件但未领取新农保养老金的老年人按一定标准进行补齐。考虑到各省新农保养老金的领取标准差异较大，因此最终确定使用所在省份年满 60 岁且实际领取的新农保养老金的人均收入作为补齐标准。

在养老金补齐标准确定的基础上，另一个需要确定的内容就是以家庭为单位补齐，还是以个体为单位补齐？CHIP 样本中对养老金有两个维度可利用的收入指标，其一是养老金的个人收入，其二是养老金的家庭收入。由于样本中收入和支出数据全部来自国家统计局的过录数据，而人口基本信息来源于项目组的实地收集，因此在数据匹配时存在部分家庭成员个人信息与收入数据无法完全对应的状况，导致样本中存在年龄未满 60 岁（0～59 岁各个年龄阶段都有）就已经领取新农保养老金个人收入的情况。对贫困发生率的计算时我们使用了家庭人均可支配收入，因此对养老金的补齐人数也以家庭为单位进行，补齐人数为家庭中应领取新农保的人数减去实际领取新农保的人数之差。家庭中应领取新农保养老金的老年人数为年满 60 岁但未领取离退休金和城镇居民社会养老金的人数之和，而家庭中实际领取新农保的人数为该家庭中有新农保个人收入成员人数之和，补齐人数为这两者之差[①]。在补齐标准和补齐人数确定的基础上，进而对新农保养老金扩大不同倍数进行了模拟减贫测试，增加的养老金收入将作为家庭可支配收入的增项，并据此计算贫困发生率。结果见表 5－9。

---

① 样本中应领取新农保的人数减去实际领取新农保的人数之差有部分为负数，表明家庭实际领取新农保的人数超过了应领取的人数，考虑到问卷调查时部分农户对养老金收入的界定存在认识上的偏差，因此我们将实际领取新农保人数超过应领取人数家庭的补齐人数统一替换为 0。

表5-9　新农保扩大不同倍数贫困发生率　单位:%

收入变量	贫困发生率	变化幅度（与期初相比）
期初可支配收入	8.90	—
新农保补齐	8.79	0.11
新农保1.2倍	8.67	0.23
新农保1.5倍	8.52	0.38
新农保2.0倍	8.31	0.59
新农保2.5倍	8.16	0.74
新农保3.0倍	8.02	0.88

注：本表中期初可支配收入指CHIP2013样本中的人均可支配收入，下同。

表5-9的结果表明，随着新农保养老金扩大倍数的增加，按农村家庭人均可支配收入计算的贫困发生率逐步下降。其中，与初期可支配收入相比，新农保养老金补齐仅使得农村贫困发生率下降0.11%，扩大1.2倍后农村贫困发生率下降0.23%，扩大1.5倍后农村贫困发生率下降0.38%，扩大2倍后农村贫困发生率下降0.59%，扩大2.5倍后农村贫困发生率下降0.74%，扩大3倍后农村贫困发生率下降0.99%。

整体来看，提高农村新农保养老金收入标准对整体贫困发生率的下降作用有限，即使是在新农保扩大为现行标准的3倍以后，农村贫困发生率也只能从8.90%下降至8.02%，降幅0.88%。究其原因，一方面因为农村致贫因素复杂，另一方面还在于新农保养老金收入的领取标准偏低，即使新农保养老金扩大为初始的3倍，约等于2985元每人每年，也只是略高于国家贫困线。个人领取的新农保养老金收入包含两个部分：其一是养老金的财政补贴，中央制定的基础养老金为每人每月[①] 55 元，地方政府根据实际财政情况制定补贴标准，差异明显；其二是个人账户，按照个人账户新农保养老保险缴费总数额除以固定月数为每月个人账户的领取资金。考虑到提高新农保养老金补贴意在解决农村 60 岁以上的老年人口的贫困问题，我们对样本按年龄进行分组计算贫困发生率，结果见表 5-10。

表 5-10　　新农保养老金补贴后分年龄组的贫困发生率　　单位:%

年龄组别	期初可支配收入	新农保补齐	新农保 1.2 倍	新农保 1.5 倍	新农保 2.0 倍	新农保 2.5 倍	新农保 3.0 倍
0~5 岁	12.01	12.01	11.90	11.64	11.64	11.41	11.12
7~15 岁	10.42	10.42	10.37	10.34	10.25	10.07	9.99
16~44 岁	9.31	9.31	9.25	9.19	9.08	8.99	8.91
45~59 岁	7.16	7.16	7.14	7.13	7.05	7.02	7.00
60~64 岁	7.58	7.06	6.57	6.05	5.78	5.08	4.67
65~69 岁	8.78	8.03	7.78	7.11	6.28	6.02	5.50
70~74 岁	10.92	10.16	9.28	8.46	7.52	6.90	6.23
75~79 岁	12.23	11.48	10.23	9.56	8.68	7.94	7.46
80 岁及以上	12.31	11.17	10.96	9.70	8.16	7.39	6.53
合计	8.90	8.79	8.67	8.52	8.31	8.16	8.02

观察表 5~10 新农保养老金扩大不同倍数后分年龄组的贫困发生率可以发现，虽然整体效果有限，但是随着养老金扩大倍数的增加，农村老年人口的贫困发生率显著下降，尤其是 70 岁及以上人口。当扩大倍数为 3 时，70~74 岁老年

① 2014 年 7 月 1 日前，新农保基础养老金为每人每月 55 元，人力资源与社会保障部、财政部《关于提高全国城乡居民基本养老保险基础养老金最低标准的通知》（人社部发〔2015〕5 号）规定从 2014 年 7 月 1 日起，全国城乡居民基本养老保险基础养老金最低标准提高至每人每月 70 元。人力资源与社会保障部、财政部《关于 2018 年提高全国城乡居民基本养老保险基础养老金最低标准的通知》（人社部规〔2018〕3 号）再次规定从 2018 年 1 月 1 日起城乡居民基础养老金（社会性养老金）每人每月上涨 18 元，现行标准为每人每月 88 元。

人口的贫困发生率从 10.92% 下降至 6.23%，降幅 4.69%；75 ~ 79 岁老年人口的贫困发生率从 12.23% 下降至 7.46%，降幅 4.77%；80 岁以上老年人口的贫困发生率从 12.31% 下降至 6.53%，降幅 5.78%。可以说，提高新农保养老金标准对农村老年人口的减贫效果是非常显著的。

此外，新农保养老金的领取条件是年满 60 岁的农村老年人口，但是 60 ~ 69 岁老年人群的贫困发生率从数据上看并不高，可能的解释是这部分人群一方面符合新农保养老金的领取条件因而每月固定领取养老金收入，另一方面仍然具有一定的劳动能力，可以依靠种植农作物等获取部分其他收入。但是对于年满 70 岁及以上老年人群而言，已经基本丧失劳动能力而没有其他收入来源，提高新农保养老金领取标准可以显著降低这部分群体的贫困发生率。

（二）教育补贴的减贫效果

表 5 - 4 按年龄分组的贫困发生率结果显示，老年人和学生的贫困发生率显著高于其他组别，在养老金补贴的方案中我们对农村地区新农保养老金收入扩大不同倍数进行了模拟减贫测试，结果发现提高新农保养老金标准可以显著降低农村老年的贫困发生率。本部分关注年龄在 0 ~ 15 岁的学生群体，这部分人群的贫困发生率较高的原因一是因为无法通过正常劳动获取收入，二是教育消费支出需求较大，甚至一些适龄学生因为家庭难以负担最基本的教育费用而辍学（比如，撤点并校之后带来的住宿和交通成本上升）。按受教育程度分组的贫困发生率表明，受教育程度越高则该个体越不可能贫困，因此需要保障教育作为最基本的人力资本投资。模拟测试中教育补贴以家庭为单位，按家庭中 0 ~ 15 岁的学生人数增加每人每年 1000 元的教育补贴，增加的教育补贴将

作为家庭可支配收入的增项进而观测贫困发生率的变化。测试结果见表5－11。

表5－11　新农保养老金补贴＋教育补贴后的贫困发生率　单位:%

收入变量	贫困发生率	变化幅度（与期初相比）
初始可支配收入	8.90	—
新农保补齐＋教育补贴	8.52	0.38
新农保1.2倍＋教育补贴	8.40	0.50
新农保1.5倍＋教育补贴	8.24	0.66
新农保2.0倍＋教育补贴	8.03	0.87
新农保2.5倍＋教育补贴	7.88	1.02
新农保3.0倍＋教育补贴	7.75	1.15

减贫效果分析时，我们采取了在新农保养老金扩大不同倍数的基础上累加教育补贴的方法计算贫困发生率。整体来看，新农保补齐加教育补贴可以使得贫困发生率降低0.38%，新农保扩大1.2倍加教育补贴可以使得贫困发生率降低0.50%，新农保扩大1.5倍加教育补贴可以使得贫困发生率降低0.66%，新农保扩大2倍加教育补贴可以使得贫困发生率降低0.87%，新农保扩大2.5倍加教育补贴可以使得贫困发生率降低1.02%，新农保扩大3倍加教育补贴可以使得贫困发生率降低1.15%。在新农保扩大不同倍数的基础上，加入教育补贴同样显著降低了农村贫困发生率。

分年龄组贫困发生率的变化同样非常明显，表5－12展示了新农保养老金补贴加教育补贴后分年龄组贫困发生率。在新农保扩大不同倍数的基础上，增加教育补贴后各年龄组的贫困发生率均有不同程度的下降，尤其是对于年龄在0～15岁的学生群体。其中，0～5岁年龄组的贫困发生率从最初的12.01%最低可以下降至8.80%，降幅3.21%；6~15岁年龄组的贫困发生率从最初的10.42%最低可以下降至7.72%，降幅2.70%。

表5-12 新农保养老金补贴+教育补贴分年龄组贫困发生率 单位:%

年龄组别	期初可支配收入	新农保补齐+教育补贴	新农保1.2倍+教育补贴	新农保1.5倍+教育补贴	新农保2.0倍+教育补贴	新农保2.5倍+教育补贴	新农保3.0倍+教育补贴
0~5岁	12.01	9.19	9.19	9.08	8.95	8.80	8.80
6~15岁	10.42	8.27	8.24	8.09	7.94	7.76	7.72
16~44岁	9.31	9.31	9.25	9.19	9.08	8.99	8.91
45~59岁	7.16	7.16	7.14	7.13	7.05	7.02	7.00
60~64岁	7.58	7.06	6.57	6.05	5.58	5.08	4.67
65~69岁	8.78	8.03	7.78	7.11	6.28	6.02	5.50
70~74岁	10.92	10.16	9.28	8.46	7.52	6.90	6.23
75~79岁	12.23	11.48	10.23	9.56	8.68	7.94	7.46
80岁及以上	12.31	11.17	10.96	9.70	8.16	7.39	6.53
合计	8.90	8.52	8.40	8.24	8.03	7.88	7.75

注：原则上养老金扩大倍数只会对年龄大于60岁各年龄组的贫困发生率有影响，而教育补贴只会对年龄低于16岁人群的分组贫困发生率有影响，但是在计算分组贫困发生率时我们使用的收入变量是家庭人均收入，因此增加的养老金收入和教育补贴收入都可作为家庭可支配收入的增项进行计算，增加这些补贴将对家庭各年龄段成员分组的贫困发生率产生影响。

（三）医疗补贴的减贫效果

本章对农村贫困的第三个关注对象是身体健康状况欠佳的人群。表5-6的结果表明，随着受访者自评身体健康状况从“非常好”到“非常不好”变化，贫困发生率呈现显著的上升趋势。健康状况欠佳的人群难以从事正常强度的劳动工作，收入难以保障，同时需要负担健康类医疗支出。当家庭中存在生大病、重病和慢性疾病的成员时，其他家庭成员还需要承担起照料的责任，因而家庭有效劳动供给减少，“因病致贫”的现象在中国农村普遍存在。医疗补贴方案的对象正是针对上述身体欠佳人群，以家庭为单位对身体状况“不好”和“非常不好”的人增加每人每年1000元的医疗补贴。增加的医疗补贴收入将作为家庭可支配收入的增项进而计算贫困发生率的变化。测试结果见5－13。

表5－13　新农保养老金补贴＋教育补贴＋医疗补贴的贫困发生率　单位：%

收入变量	贫困发生率	变化幅度（与期初相比）
初始可支配收入	8.90	
新农保补齐＋教育补贴＋医疗补贴	8.28	0.62
新农保1.2倍＋教育补贴＋医疗补贴	8.16	0.74
新农保1.5倍＋教育补贴＋医疗补贴	8.03	0.87
新农保2.0倍＋教育补贴＋医疗补贴	7.84	1.06
新农保2.5倍＋教育补贴＋医疗补贴	7.66	1.24
新农保3.0倍＋教育补贴＋医疗补贴	7.54	1.36

在新农保养老金补贴和教育补贴的基础上，增加医疗补贴后农村贫困发生率同样有所下降。当新农保扩大3倍加教育补贴和医疗补贴后，贫困发生率从8.90%下降至7.54%，降幅1.36%。可以合理推测，如果继续提高上述三种政府补贴的标准，对农村贫困发生率的改善效果将更大。对身体健康状况欠佳人群的减贫效果也是非常显著的。

表5－14展示了新农保扩大不同倍数加教育补贴和医疗补贴后按健康状况分组的贫困发生率，可以发现，在三种基本公共服务类扶贫补贴的共同作用下，农村整体贫困发生率最低可以从8.90%下降至7.54%，更重要的是，健康状况“不好”和“非常不好”分组的贫困发生率明显降低。当新

农保扩大为期初的3倍，辅以教育补贴和医疗补贴，健康状况“不好”人群的贫困发生率从11.40%下降至6.27%，降幅5.13%；健康状况“非常不好”人群的贫困发生率从10.70%下降至4.13%，降幅6.57%。可以发现，模拟减贫分析中的三类政府扶贫补贴都显著改善了目标人群（老人、学生和身体健康欠佳者）的贫困发生率。

表5－14　　新农保养老金补贴＋教育补贴＋医疗补贴按健康状况分组的贫困发生率

单位：%

健康状况	初始可支配收入	新农保补齐＋教育补贴＋医疗补贴	新农保1.2倍＋教育补贴＋医疗补贴	新农保1.5倍＋教育补贴＋医疗补贴	新农保2倍＋教育补贴＋医疗补贴	新农保2.5倍＋教育补贴＋医疗补贴	新农保3倍＋教育补贴＋医疗补贴
非常好	7.87	7.46	7.40	7.26	7.09	6.96	6.94
好	9.23	8.87	8.79	8.72	8.58	8.47	8.35
一般	8.77	8.38	8.14	7.84	7.56	7.36	7.15
不好	11.40	7.85	7.51	7.43	7.10	6.46	6.27
非常不好	10.70	6.82	6.40	6.24	6.01	4.75	4.13
合计	8.90	8.28	8.16	8.03	7.84	7.66	7.54

（四）小结

上文模拟了新农保养老金补贴、教育补贴和医疗补贴的减贫效果，考察了政府保障类扶贫补贴对农村整体以及老年人、学生和身体健康状况欠佳人群的贫困改善程度。结果发现，即使是按照方案中最高的标准（即新农保养老金扩大为初始的3倍加教育补贴和医疗补贴），农村贫困发生率也只能从8.90%下降至7.54%，降幅为1.36%，但农村老年人口、学生和身体健康状况欠佳者的贫困发生率显著下降。在全面精准扶贫的要求下，随着扶贫重点由贫困村到贫困户的转变，2020年后财政扶贫资金有必要对农村老年、学生和不健康人群等容易贫困的群体给予更多的关注，建立和完善以养老、教育、医疗为核心的保障性扶贫体系从而保障低收入人口的基本生活。对农村贫困发生率的改善力度完全取决于这三类扶贫补贴的标准和扶贫资金的规模，但即使是在标准相对较低的情况下，对目标群体的贫困发生率也有着显著的改善。

从现实的角度来看，提高新农保养老金标准是增加农村老年人的可支配收入，而对学生和身体健康状况欠佳者则更多的是降低家庭对教育和医疗的消费支出（自费部分）。新农保养老金收入作为主要的收入来源，减贫贡献低主要是在于标准偏低，提高新农保养老金的发放标准可以显著降低老年人的贫困发生率。对于农村地区年龄在0～15岁学生群体而言，教育补贴则主要通过增加农村教育经费等途径降低家庭负担的教育支出。比如，撤点并校后年幼子女陪读和住宿支出、偏僻地区的交通支出以及周末学生的接送、大学生的学费和其他开支等，仍然是贫困家庭子女上学的沉重负担，如何解决这些问题，是解决因学致贫问题的关键。同样地，对大病患者、慢性病患者和其他有健康问题的家庭或个人，适当提高农村医疗保险的报销比例，减少对报销药品和治疗范围的限制，从而降低农民在医疗消费中的自费支出。在减贫模拟测试的分析中，我们统一采取了增加目标群体收入的形式，但无论是增加家庭可支配收入，还是减轻家庭消费支出负担，对贫困地区农户的脱贫都具有同等的效果。

此外，使用年龄（老年人和学生）以及身体健康状况等指标作为扶贫资金的识别变量，在一定程度上规避了当前按照收入作为贫困指标识别不精准的问题，至少扶贫资金的瞄准性将有所提高。从扶贫资金支付手段上来看，无论是提高农村老年人口新农保养老金的领取标准、对学校增加教育补贴经费，还是提高医疗报销比例，都可以基于现有的公共服务体系来进行，并不需要增加额外的管理机构和管理费用。

三、财政资金支持规模测算——以新农保为例

在之前的分析中，我们模拟测算新农保养老金、教育和医疗补贴三类政府转移性补贴对农村老人、学生和身体健康状况欠佳者的减贫效果。结果表明，对农村地区居民的扶贫补贴可以显著改善目标群体贫困现状，降低贫困发生率。现实情况也表明，对农村地区贫困居民的政府补贴正逐年增加。但是财政扶贫资金是有限度的，因此需要在有限的扶贫资金下尽可能地为上述三类人群（老年人口、学生和身体健康状况欠佳者）提供收入保障。本部分结合中国农村 60 岁以上老年人口规模测算养老金扩大不同倍数所需的资金规模，即对应的财政负担。[①]

对新农保养老金财政负担的测算需要明确两个问题：其一是领取标准，其二是符合养老金领取条件的老年人口规模。这两个因素对新农保养老金财政负担的测算至关重要，直接关系到财政压力的大小判断，我们将对此进行详细阐释。

（一）新农保养老金的领取标准

我们试图从各类统计资料中查找现行标准下新农保养老金（也即是新型农村社会养老保险）的领取标准等数据，但

① 对学生群体教育补贴和身体健康状况欠佳者医疗补贴的规模测算与养老金补贴相比需要更多的信息，并不是简单的增加补贴标准，本书暂不作计算。

自2012年8月起，新型农村社会养老保险和城镇居民社会养老保险合并为城乡居民社会养老保险，基金的收入和支出中无法区分农村和城镇。[①]《人力资源和社会保障年鉴（2012）》表23－41展示了2011年分省新型农村社会养老保险试点的情况，该数据显示，2011年底全国新农保参保人数32643.5万人，达到领取待遇年龄参保人数8921.8万人，基金收入1069.7亿元，基金支出587.7亿元，但此后再无数据。《人力资源和社会保障年鉴（2017）》显示，2016年城乡居民社会养老保险实际领取待遇人数15270.3万人，基金支出2550.5亿元，据此推算城乡居民社会养老金平均约为每人每年1670元，新农保养老金的领取水平显然要低于这个数。考虑到2011年以后农村和城镇居民社会养老保险的参保状况和基金收支难以区分，加之新农保养老金分省的待遇水平存在显著差异，因此无论是基于全国还是分省公开统计数据计算新型农村居民社会养老保险的领取标准均难以实现。

一个替代的方法就是假定住户调查数据中农村居民新农保养老金收入的实际领取水平等同于社保部门的发放标准。鉴于此，我们使用CHIP2013住户调查数据中分省新农保养老金的实际领取水平计算了全国养老金的人均标准。分省计算时，对年满60岁符合新农保养老金领取条件但实际未领取的农村老年人口先使用所在省份新农保养老金的人均水平补齐，进而计算全国人均水平，最终计算得到2013年新农保养老金全国水平为每人每年995元。表5－15展示了CHIP2013数据中新农保养老金的分省领取标准。

① 《人力资源和社会保障年鉴（2017）》显示，2016年城乡居民社会养老保险的参保人数为50847.1万人，实际领取待遇人数15270.3万人，基金收入2933亿元，支出2550.5亿元。

表 5-15　　分省新农保养老金标准　　单位：元/人/年

地区	新农保养老金人均水平
北京市	3731
山西省	655
辽宁省	634
江苏省	1494
安徽省	611
山东省	941
河南省	673
湖北省	902
湖南省	613
广东省	2054
重庆市	584
四川省	769
云南省	642
甘肃省	772
全国	995

数据来源：作者根据 CHIP2013 住户调查数据样本计算。

表 5-15 的结果显示，2013 年分省新农保养老金领取标准存在显著差异。其中，新农保养老金收入最高的省份为广东省，人均每年 2054 元，而最低的省份为安徽省，人均每年 611 元，差距悬殊。在进行新农保养老金扩大不同倍数的财政负担测算时，我们使用了全国的人均水平（即每人每年 995 元）作为基准，养老金的地区差异暂不考虑。

（二）农村老年人口规模

在确定新农保养老金领取标准确定的基础上，下一步是估算农村年满 60 岁的老年人口规模。估算的第一个数据来源是 2010 年全国人口普查。根据 2010 年普查数据中当年末农村分年龄组的人口数和死亡数分别计算分年龄段的死亡率，进而推算2017年末年满60岁的农村老年人口总数[①]，最终推算得到2017年底全国农村年满60岁的老年人口规模约为13625.4万人。表5-16是基于2010年人口普查数据对2017年全国农村60岁以上人口分年龄段的预测结果。

表5-16 2017年全国农村60岁以上人口分年龄段的分布（预测）

年龄区间	人口规模（万人）
60~61岁	1523.64
62~66岁	4165.72
67~71岁	2999.39
72~76岁	2015.95
77~81岁	1409.41
82~86岁	889.83
87~91岁	389.15
92~96岁	209.22
97~101岁	19.89
101岁以上	3.19
60岁及以上合计	13625.40

数据来源：根据《2010年全国人口普查》相关数据推算。

关于农村老年人口规模预测的第二个数据来源是《中国统计年鉴（2017）》，即2016年人口抽样调查。数据显示，2016年末全国60岁及以上人口数占比为16.7%，当年末全国农村总人口数58973万人，据此推算2017年底全国农村60岁及以上人口规模约为9845.9万人。农村实际老年人口规模可能位于9845.9万~13625.4万人之间，在养老金财政负担的测算时，我们使用了按照人口普查数据预测的老年人

① 2010年普查数据中50~54岁存活人口在2017年的正常年龄应该是57~61岁，为了区分出60岁以上的规模，我们将57~61年龄区间存活人口中的2/5认定为年满60岁（即假定57~61岁每个年龄的人口数完全相等，则60岁和61岁的人口占比为2/5）。

口规模（13625.4万人），由此得到的财政负担估计应当是最大值。

（三）新农保养老金的支出规模

以下是新农保养老金扩大不同倍数财政负担的估算结果，财政负担等于养老金领取水平乘以全国农村老年人口总数。我们以全国新农保养老金的人均领取标准测算了全国的养老金财政总负担（结果见表5－17），但是具体到各省时，采用全国人均标准均存在高估或低估的情况，因此并未细化到各省的财政负担分析。

表5－17　新农保养老金补贴的财政负担　　单位：亿元

农村养老金水平	财政总负担
基准水平	1355.6
新农保1.2倍	1626.7
新农保1.5倍	2033.4
新农保2.0倍	2711.2
新农保2.5倍	3388.9
新农保3.0倍	4067.2

表5－17的测算结果显示，如果按照新农保养老金的基准标准（即CHIP2013样本计算的人均每年995元），那么2017年底新农保养老金支出负担的预测规模约为1355.6亿元；将新农保养老金领取标准扩大为期初的1.2倍时，支出负担约为1626.7亿元；扩大1.5倍时，支出负担约为2033.4亿元；扩大2倍时，支出负担约为2711.2亿元；扩大2.5倍时，支出负担约为3388.9亿元；扩大3倍时，支出负担增加到4067.2亿元。可以发现，即使将新农保养老金的领取标准扩大为期初的3倍，相当于每人每年2985元，财政支出负担也仅约4000亿元，相比起2017年企业养老保险基金支出

2.86 万亿元[①]，提高新农保养老金的财政负担仍是比较小的。

总之，以上测算提供给了我们中国新型农村居民社会养老金支出的基本规模，更精确的计算依赖于后续是否能获取到关于新农保养老金收支的官方数据以及最新的住户调查数据。此外，2016 年城乡居民社会养老保险基金的支出规模为 2550.5 亿元，按照 CHIP 样本规模测算的 2017 年农村养老金按照基准标准下的财政负担约占其中的一半（1355.6 亿元/2550.5 亿元），很显然我们使用 CHIP 样本中新农保养老金的领取标准（每人每年 995 元）作为全国人均领取标准仍然存在高估的可能，现实中新农保养老金的全国平均水平可能远低于样本测算的每人每年 995 元。从这个角度来讲，提高现行农村居民养老金的领取标准是非常有意义的，不仅体现在降低农村老年人口的贫困发生率，对于促进社会公平的收入分配格局，保障国民享受均等化的基本公共服务都起着非常重要的作用。

四、小结

财政支持机制主要是完善我国财政扶贫资金（财政补贴）的规模和结构。研究发现，针对我国的贫困现状，养老、医疗和教育等保障性补贴的减贫效果显著，尤其是扩大不同倍数后补贴的减贫效果更明显。增加新农保的财政支出可以促进农村贫困人口脱贫。合理的财政支持机制还需要关注以下几点：建立财政资金的动态调节机制，减少对已经脱

① 数据来源：人力资源社会保障部副部长游钧在国新办新闻发布会上的发言，《2017 年五项社保基金累计结余 7.6 万亿》，http：//finance.china.com.cn/news/20180226/4550969.shtml，2018 年 2 月 26 日。

贫地区的扶持，增加两区三州等极度贫困地区的财政支持力度；提高扶贫资金的瞄准性，使贫困人口得到扶贫资金，增加其收入，保障基本的生活；开发式扶贫方式和保障性扶贫方式互为补充，对有劳动能力的贫困人口提供项目支持，对老弱病残的群体应该提供保障性的补贴；完善农村的基础设施建设，增加农村基本公共服务支出，实现基本公共服务均等化。

第五节 政策和行动建议

长期关注中国农村贫困问题使我们意识到，分析农户致贫原因时要着重考虑三种情况：一是老年贫困。老年人劳动能力下降和农村社会保障机制不健全，导致农村老人收入不稳定，老年人又存在健康隐患，导致贫困可能性增加。二是因学贫困。随着教育投入的差距扩大，产生贫困人口的人力资本水平低下和收入的恶性循环，导致贫困可能性增加。三是因病致贫。健康与贫困是互为因果的，健康状况非常不好时，农村家庭面临的就是医疗支出的增加，照料时间的增加，家庭劳动力的减少等，导致贫困可能性增加。这三类人群将成为未来扶贫的主要关注对象。在 2020 年之后，随着减贫事业进入相对贫困阶段，财政投入的力度和结构需要做出全面的筹划。为了解决扶贫项目的瞄准性问题和提高扶贫类财政资金的使用效率，本章从完善保障类扶贫的角度给予讨论，尤其是完善农村养老、治病和就学类基本公共服务的保障扶贫体系以缓解农村老年人、学生和身体健康状况欠佳者的贫困问题。

以2020年后保障性财政扶贫资金使用创新问题研究为主题，本章首先使用CHIP2013住户调查数据，从年龄、受教育程度和健康状况等指标分组测算了中国农村的贫困现状，其中，以农村老年人口、年龄在0～15岁的学生以及身体不健康人群的贫困发生率最高。

为了保障上述贫困群体的基本生活，财政扶贫资金的作用不可忽视，现阶段政府补贴收入对农村贫困发生率的作用程度如何，是我们考察的第二个问题。通过对农村居民可支配收入进行政府转移补贴收入和补贴前收入的构成划分，我们测算了各类政府补贴收入的减贫效果，结果发现政府补贴收入使得农村贫困发生率从12.90%下降至8.90%，而其中以农村养老金收入的作用最大，贡献了政府补贴收入减贫效果的51.25%，新农保养老金贡献了政府补贴收入减贫效果的20.25%。

政府补贴收入可以显著改善农村贫困发生率，无论是从实践还是数据中都获得了证实，继续增加政府补贴收入对目标群体的减贫效果如何是报告的第三个内容。对农村新农保养老金补贴、教育补贴和医疗补贴的减贫效果进行模拟测算，重点关注了增加政府补贴对农村老年人口、0～15岁学生群体和身体健康状况欠佳者贫困发生率下降的贡献程度。结果发现，当养老金扩大为现有水平的3倍时，辅以农村教育和医疗补贴虽然对农村整体贫困发生率的下降作用有限（仅使得农村贫困发生率从8.90%下降至7.54%，降幅1.36%），但却可以显著改善三类目标群体的贫困发生率。

最后，以CHIP2013年农村居民新农保养老金收入的全国水平为基准（每人每年 995 元），结合 2017 年底农村 60 岁以上老年人口的预测规模，本章测算了当新农保养老金维持基准水平以及扩大不同倍数时的财政负担。结果表明，当新农保养老金扩大为基准水平的 3 倍时，财政负担约为 4067.2 亿元。

本章对 2020 年后保障性财政扶贫资金的使用结构提出了全新的构想，倡导建立以农村老年人口、学生和身体不健康人群为导向的保障类扶贫体系。尤其论证了政府扶贫补贴对农村居民贫困发生率的改善作用，以及增加对农村老年人口的养老金补贴、学生群体的教育补贴和身体健康状况欠佳者的医疗补贴对降低农村整体贫困发生率的重要作用。虽然最终目的在于增加上述人群的可支配收入或者降低对应的自费消费支出，但是具体到扶贫资金的支付途径是存在差异的。比如，对于农村地区老年人而言，新农保养老金收入作为主要的收入来源，需要适当提高新农保养老金的领取标准；对于农村地区学生群体而言，教育扶贫应主要通过提供交通或住宿的方式降低偏远地区适龄儿童的上学成本等形式来实现；对于农村地区身体健康状况欠佳的人群而言，扶贫模式主要是提高医疗报销比例，扩大医疗报销范围。更重要的是，三类政府补贴都可以基于现有的公共服务体系来进行，并不需要增加额外的管理机构和管理费用。

当扶贫发展进入 2020 年的全新阶段，以 2010 年 2300 元不变价为标准的绝对贫困已经不复存在，但对农村低收入群体的关注却不能就此止步。现阶段，农村扶贫资金的减贫效应很大程度上还取决于扶贫的瞄准程度。本章的第二个贡献是提出以年龄以及身体健康状况等个人特征为标准作为贫困人口的识别指标，原因之一在于上述群体的贫困发生率更高，更重要的是基于年龄和健康状况等个人特征的扶贫瞄准规避了可支配收入的测量等问题，对贫困人群的瞄准性更高。

除此以外，还需要思考的是，降低农村贫困发生率是解决农村贫困问题的重要指标，但这只是减少了贫困人口的数量，在缓解农村贫困中，还要注意农村居民的收入差距、贫困程度等。能力贫困比收入或者消费贫困更加需要关注，财政扶贫资金除了需要解决低收入群体的收入贫困问题以外，对学生群体的教育补贴也是有效解决能力贫困的重要途径。

第六章

财政支出与经济发展关系

——对瓦格纳法则的新解释①

第一节 引言

财政支出规模是政府对经济调节能力的重要保障，同时也是政府调节收入分配的重要手段。财政支出规模变动情况的理论之一就是瓦格纳法则，认为随着经济发展，政府的支出规模会不断扩大，通过衡量一国的财政支出规模和结构，可以反映经济发展中政府职能的变化。改革开放以来，我国

① 本章主要内容发表在《经济理论与经济管理》2020 年第 7 期（戚昌厚、岳希明：《财政支出与经济发展关系——对瓦格纳法则的新解释》）。

人均 GDP 增长率常年保持在较高水平，财政支出占 GDP 的比重不断增加，从 1996 年的 15% 上升到 2016 年的 25%。但随着我国经济进入新常态阶段，2016 年中国人均 GDP 增长率下降为 6.7%。[①] 在经济进入新常态下，研究财政支出的规模和结构与经济发展水平之间的关系，使财政支出服务于经济发展的同时满足民生的需要就变得尤为重要。

本章使用 2011 年 GFS 和 WDI 的截面数据，考察了经济发展与财政支出之间的关系，从政府财政支出总额及其构成与人均 GDP 之间的关系，来验证瓦格纳法则的成立。我们基于瓦格纳法则构建了回归方程，将经济发展与财政支出规模之间的回归系数定义为瓦格纳法则系数。回归结果显示，财政总支出的瓦格纳法则系数为 3.71，表明经济发展将正向促进财政总支出规模的扩大。分项支出的瓦格纳法则系数中，经济发展与医疗保健支出、教育支出和社会保护支出等支出构成之间成正比，与公共秩序和安全、住房和社区设施支出等支出构成成反比。在此基础上，我们计算了各分项财政支出对瓦格纳法则系数的贡献度，其中以社会保护支出的贡献度最大（71.66%），经济事务支出贡献度最低（-7.38%）。研究表明，瓦格纳法则成立的主要原因是社保支出与经济发展之间的正向关系。

本章的贡献主要在三个方面：首先，根据瓦格纳法则的定义，本章将财政支出占 GDP 比重对人均 GDP 对数的回归系数定义为瓦格纳法则系数，当回归系数显著大于 0 时，我们认为瓦格纳法则成立，当回归系数小于或等于 0 时，瓦格纳法则不成立；其次，根据财政支出总额等于其分项支出

① 数据来源：《中国统计年鉴》（2017 年）。此处的社会保护（Social Protection）与中文语境中常用的社会保障，在含义上完全一致的，但因“社会保护”一词系 IMF 的官方翻译，因此予以保留。详细解释见表 6-1 的注②。后同。

合计的关系，导出瓦格纳法则系数等于分项支出分别对人均GDP对数值单回归系数之和，这种关系实际上是瓦格纳法则系数的分解公式；最后根据瓦格纳法则系数的分解公式，计算出各分项支出对财政总支出的瓦格纳法则系数的贡献度，并归纳为瓦格纳法则成立的主要原因是社保支出与经济发展之间的正向关系。

本章的结构如下：第二节是文献综述，梳理国内外学者对瓦格纳法则的相关研究；第三节是严格定义瓦格纳法则系数，并明确其分解公式；第四节是数据和变量的详细说明；第五节是实证分析，以验证财政支出与经济发展之间的瓦格纳法则，并比较各分项支出对总支出的贡献度；第六部分是结论和建议。

第二节 文献综述

瓦格纳法则被用来判断经济发展对政府规模扩大的影响，是瓦格纳和其他学者对上述两者关系的总结。本节主要从瓦格纳法则的提出、不同学者对瓦格纳法则的扩展以及瓦格纳法则是否存在实证检验等几个方面对相关文献进行梳理，从中发现了目前研究存在的一些问题，并给出以往研究对本章内容的启示。

在实证研究上，瓦格纳法则是否存在，通常有两种方法确认，第一种方法是追踪某一国家长期发展水平的过程，观察财政支出规模是否随人均GDP的上升而上升。第二种方法是通过横截面数据进行考察，即通过国别样本，实证地考察政府支出的规模与人均 GDP 之间是否存在正相关关系。使用横截面数据进行验证的前提是假定经济发展具有一定规律性，这种规律性与各国的异质性没有关系，或者至少认为国别的异质性并不足以令经济发展中某些规律性的东西消失。经济发展过程中出现的规律性有很多，例如产业结构的变化与经济发展之间存在显著的规律性，具体而言，随着经济发展水平的提高，第一产业的比重将直线下降，第二产业的比重先增后降，第三产业的比重持续上升。类似的规律性还有很多，瓦格纳法则即被认为是其中之一，但是否如此，需要验证，这正是本章的目的。由此可见，经济发展的一般规律性的假定是用横截面数据检验瓦格纳法则的前提条件。其实，在经济学领域，与瓦格纳法则检验方法完全相同的有对库兹涅茨倒“U”形假说的检验，即对一国长期时间序列的检验和横截面数据检验两种①。

本章通过横截面数据检验来考察瓦格纳法则，这暗含着我们已经接受了经济发展过程中一般规律存在的假设。

一、瓦格纳法则的提出和发展

瓦格纳法则是瓦格纳在 19 世纪 80 年代提出的，即政府规模和经济发展的正向关系。瓦格纳法则不仅是关于政府和市场的博弈，也是关于市场化进程中“大政府”和“小政府”的讨论。瓦格纳提出政府支出与经济发展的正向关系

① 利用一国时间进行分析的有 Kuznets（1955）对美国（1929～1950 年）、英国（1880～1947 年）和德国（1875～1930 年前后）的分析，以及 Zanden（1995）对荷兰、意大利的佛罗伦萨等地区以及英国和德国等国长期时间序列的考察。利用跨国横截面数据验证库兹涅茨倒“U”形假说的研究有 Kravis（1960）、Ahluwalia（1976）以及 Anand 和 Kanbur（1993）等。

时，正是德国经济快速发展的时期，他认为经济发展需要一个“大政府”，尤其是市场化不健全的工业化快速发展国家，经济发展会带来私人垄断、经济摩擦、公共服务需求增加等，这些问题的解决需要加强政府的职能，提供更多公共服务，政府规模也要随之扩大。由于经济发展和财政支出的关系是由瓦格纳首次提出的，因此后来的学者将经济发展和财政支出的相关研究归纳为瓦格纳法则。虽然不同的学者对瓦格纳法则的定义不同，但已经形成了一个普遍认同的观点，即随着经济发展，政府财政支出不断增加，这种增加既有绝对支出增加，也有相对支出增加，其中，绝对支出增长指政府财政支出总额不断提高，相对支出增加具体表现是政府财政支出占 GDP 的比重随人均 GDP 上升而上升（Bird，1971；Peacock & Scott，2000）。Peacock 和 Scott（2000）认为瓦格纳法则成立的条件是持续的文化和经济进步，并且政府活动的扩张必定有上限，政府的扩张是公共部门在国民经济中绝对的与相对的扩张，这种扩张规律是瓦格纳基于“经验观察上的一致性”（Empirical Observed Uniformity）得出的，那么就会引出一个问题，即这种经验上的一致性是适合所有阶段还是只存在于工业化进程中呢？

那么政府扩张的上限在哪里？或者说瓦格纳法则是适用于经济增长的全过程，还是工业化阶段？学术界对此认识不统一，但多数研究表明，瓦格纳法则更适用于处在工业化进程中的发展中国家。Bird（1971）认为瓦格纳法则构建于 19 世纪晚期的德国，法则明显只适用于工业化进程中收入正在上升的国家，他同时给出了瓦格纳法则适用的三个条件：人均收入在上升、特定的技术和体制改变、政策民主化。Abizadeh 和 Gray（1985）的研究发现，发展中国家瓦格纳法则成立，贫穷国家和发达国家不成立。Durevall 和 Henrekson

(2010) 研究发现瓦格纳法则并未得到一般性的支持，只有在一国经历现代化的过程中能够很好地成立。而在针对瓦格纳法则验证的实证研究中，大多认为瓦格纳法则只适用于发展中国家。

二、瓦格纳法则的验证

关于瓦格纳法则是否成立的讨论一直存在，学者主要从不同发展阶段的政府支出规模和支出结构两个方面对这一法则是否成立进行验证，既包括数据描述的分析（Veverka，1963；Bird，1971；Tobin，2005），也有使用计量方法的研究（Abizadeh & Gray，1985；Gemmell，1990；Rehman *et al.*，2007；吴凯，2006；李树生，2009；王凯等，2011；贾凯威，2015）。已有研究的结果表明，财政总支出的变动符合瓦格纳法则，而财政各分项支出中瓦格纳法则的适用则取决于经济发展阶段。

（一）财政支出与经济发展水平的关系——基于一国长期历史数据分析

有许多早期文献通过使用个别国家的时间序列数据来验证瓦格纳法则。在财政总支出是否适用瓦格纳法则的验证中，Veverka（1963）使用英国的数据发现，1790～1961 年，政府支出规模的年均增长率是 2.7%，而 GNP 年均增长率是 2.0%，政府支出增速比经济增速快，并且政府支出占 GNP 的比重由 12% 上升到 38%，政府规模相对于经济规模有明显扩大，瓦格纳法则得到验证。这一结果在 Bird（1971）、Fratianni 和 Spinelli（1982）、Tobin（2005）的研究中均得到验证。Tobin（2005）研究了 1978 年后中国政府的扩张与

GDP 增长的关系，他认为从中国的经验可以看出，政府活动的扩张，几乎没有表现出挤出效应或者扼杀经济发展的负面效果，瓦格纳法则适用于中国。

虽然财政总支出适用于瓦格纳法则，但分项财政支出变动的瓦格纳法则却不一定成立，原因在于不同的发展阶段，国家财政支出的重点是不断变化的，政府会相应减少一些不符合发展需要的财政支出。Veverka（1963）发现不同支出项变化的差异很大，其中，社会服务支出占总支出的比重上升最快，从 1790 年的 9% 逐步上升到 1961 年的 47%；经济和环境服务支出占总支出的比重呈现出先上升后下降的趋势，从 1790 年的 9% 上升到 18 世纪中叶的 20%，主要原因是工业化和城市化导致对交通运输服务和基本城市服务需求增加，支持工业化和城市化会导致“大政府”的观点；最后下降为 1961 年的 16%，后期财政支出比重下降的主要原因是工业化速度缓慢。此外，政府服务需求弹性与支出结构有关，一些财政支出项的需求弹性大于 1，如社会服务，而另一些支出项的需求弹性小于 1，如行政管理。

（二）财政支出与经济发展水平的关系——基于跨国数据的计量检验

对瓦格纳法则更为直接的验证方法是财政支出比重对人均 GDP 的回归分析，通过系数的符号来验证瓦格纳法则是否成立。

从政府支出来看，实证结果也基本认为瓦格纳法则成立。Abizadeh 和 Gray（1985）使用 53 个国家 1963 ~ 1979 年的混合截面数据，将政府总支出占 GDP 的比重作为被解释变量，并选取实际人均 GDP、农业产出占 GDP 的比重、人均商用能源消费、经济开放度、金融媒介度 5 个指标作为解释变量。结果发现，只有发展中国家的回归结果显著，而且各个解释变量的显著性和符号也都符合瓦格纳法则预期；贫穷国家和发达国家主要变量不符合预期。Lamartina 和 Zaghini（2011）使用 23 个 OECD 国家 1970～2006 年的面板数据验证了瓦格纳法则的成立，长期来看，政府支出规模对经济产出的弹性大于 1，在经济水平低的国家中，经济增长与政府支出增长之间正相关。虽然传统的扩张政府职能的手段可能随着经济发展而愈发不管用，但是一些新的方式可能会扩大政府的作用，比如供给侧方面政府征税能力增强，需求侧方面随着人口老龄化社保服务支出需求扩大，均会让瓦格纳法则持续发挥效用。

还有一些学者实证发现瓦格纳法则不成立。Gemmell（1990）使用 117 个国家的数据发现瓦格纳法则不成立，因为在 117 个国家中，政府支出的收入弹性大于 1 的国家数量只占比 7%，政府支出的收入弹性小于 1 的却占比 45%。但 Gemmell（1990）将政府支出定义为政府的真实消费支出，与通常所说的政府支出有很大不同。Alleyne（1999）发现瓦格纳法则在牙买加、圭亚那等国家不成立。这也侧面验证了 Abizadeh 和 Gray（1985）的结论，即贫穷国家瓦格纳法则不成立。

（三）国内文献对瓦格纳法则的研究

国内学者对瓦格纳法则的验证主要使用的实证方法是 Granger 因果关系检验法。认为瓦格纳法则适用的研究有：吴凯（2006）、李树生（2009）、王凯等（2011）。王宝顺（2010）、贾凯威（2015）同样发现国民收入增长是财政支出增长的单项格兰杰原因。王德祥和李建军（2008）、黎友焕和王凯（2010）使用省级面板数据发现瓦格纳法则在中国局部适用，在东部和中部地区发现了财政支出和经济发展之间的双向 Granger 因果关系。当然也有研究认为瓦格纳法则不适用，如岑永和陈强（2003）。郑春荣（2008）认为财政支出比重不会一直增加，应该是呈“U”形变动。总的来说，多数学者使用因果关系检验法得出了瓦格纳法则在中国成立的结论，但这种方法存在一定的局限性，检验结果仅能说明两者是否有影响，却看不出影响的大小。而且目前国内这些研究中，研究财政分项支出与经济发展水平关系的文献较少。

从国内外研究结果看，一个被广泛接受的结论是：随着经济发展，政府财政支出的绝对规模在扩大。很多学者实证研究结果发现，财政总支出规模符合瓦格纳法则，但经济发展对财政分项支出的变动作用存在明显差异，尤其是在贫穷国家和发达国家，但这类研究受制于无法得到高质量的国际可比的数据，进而无法针对财政分项支出是否符合瓦格纳法则做出高质量的计量分析。本章接下来要做的主要内容有两个：一是建立财政支出和经济发展水平的回归模型；二是从财政总支出和分项支出两个方面对瓦格纳法则进行验证，并通过国际比较，为优化我国财政支出结构提供建议，使其更好地满足经济发展的需求。

第三节 模型构建

一、财政总支出与经济发展水平的关系

为了验证瓦格纳法则成立与否，本章构建了财政支出规

模与经济发展水平两者之间的回归模型。遵照以往文献的传统，我们把财政总支出占 GDP 的比重定义为政府支出规模，人均 GDP 作为衡量经济发展水平的指标，在回归中，我们采用人均 GDP 的对数值，这样回归系数更容易解释。我们把财政支出占 GDP 比重对人均 GDP 对数值单回归得到的估计系数 β，定义为瓦格纳法则系数。当瓦格纳法则系数显著大于 0 时，说明经济发展与财政支出规模之间存在显著的正相关，即政府支出规模随人均 GDP 水平的提高而提高，此时瓦格纳法则成立；当瓦格纳法则系数小于 0，说明经济发展与财政支出规模之间存在负相关关系，瓦格纳法则不成立。因此，验证瓦格纳法则的估计方程式如下：

$$y_i = \alpha + \beta \ln gdp_i + \mu_i \tag{6-1}$$

这里，i 代表国家或地区，y 代表政府财政支出总额占 GDP 的比重；α、μ 分别代表常数项和误差项；$\ln gdp$ 代表以不变价美元计算的人均 GDP 对数值。

二、分项财政支出与经济发展水平的关系

为了找到各项财政支出与经济增长的关系，将财政总支出按政府职能进行分解，被解释变量为分解后的各项财政支出占 GDP 的比重，解释变量仍然为经济发展水平，用人均 GDP 的对数表示。我们构建了回归模型，β^j 代表各分项财政支出的瓦格纳法则系数，表示经济发展对不同类型财政支出的影响。具体模型如下：

$$y_i^j = \alpha^j + \beta^j \ln gdp_i + \mu_i^j \qquad j = 1, 2, \cdots, 10 \tag{6-2}$$

这里，上标 j 表示政府支出的构成项，如下所示，我们使用的 GFS 统计，政府支出总额由 10 个分项构成，y^j 代表政府财政支出总额中 j 项构成占 GDP 的比重，此时，财政支出总额

占 GDP 比重等于分项支出占 GDP 比重之和，即 $\sum_{j=1}^{10} \gamma_i^j = \gamma_i$。$\beta^j$ 为政府财政支出总额中 j 项构成占 GDP 的比重对人均 GDP 对数值的回归系数。

三、瓦格纳法则系数的分解公式以及瓦格纳法则形成机制的探讨

根据瓦格纳法则系数，可以检验瓦格纳法则是否成立。在成立的情况下，进一步考察瓦格纳法则的形成机制，是研究的自然衍生。以往文献显示，关于瓦格纳法则的形成机制，可以从不同的角度，通过不同的方式进行探索和考察，其中方法之一是深入到财政支出的具体构成进行分析，即通过考察财政支出的不同构成与经济发展的关系，明确哪些类型支出（占 GDP 的比重）随经济发展水平的提高而增长，哪些财政支出项目与经济发展没有关系，甚至随着经济发展而降低，由此考察整个财政支出与经济发展之间正相关关系的形成机制。

本章定义的瓦格纳法则系数，为从政府财政支出构成的角度考察瓦格纳法则提供了有效工具。具体而言，根据财政支出总额（占 GDP 比重）等于分项财政支出（占 GDP 比重）合计的关系，可以得到财政支出总额占 GDP 比重对人均 GDP 对数值的回归系数（即瓦格纳法则系数）等于各项财政支出分项构成占 GDP 比重对人均 GDP 对数值的回归系数之和，用公式表示如下：

$$\beta = \sum_{j=1}^{10} \beta^j \tag{6-3}$$

该式仅在单回归时成立。该式可以说是对瓦格纳法则系

数的分解，通过具体分解结果，可以考察在瓦格纳法则存在的情况下，哪些支出对财政支出总额与经济发展之间的正相关关系做出了贡献，不仅如此，根据该分解结果，可以精确地计算各项财政支出对瓦格纳法则（系数）的贡献度，用公式表示如下：

$$s^j = \frac{\beta^j}{\beta} \times 100 \qquad (6-4)$$

这里，s^j表示第 j 项财政支出对瓦格纳法则的贡献度，且 $\sum_{j=1}^{10} s^j = 100$ 的关系成立。本章下一节将利用式（6－3）和式（6－4）对各项财政支出对瓦格纳法则系数的贡献进行考察①。

第四节 数据和变量说明

一、GFS 数据和 WDI 数据

本章数据的来源分别是国际货币基金组织（International Monetary Fund，IMF）的《政府财政统计》（Government Fiscal Statistics，GFS）数据库和世界银行的《世界发展指标》（World Development Indicators，WDI）数据库。GFS 数据中有详细的各国财政总支出和分项支出数据，WDI 数据中有详细

① 岳希明（2017）第一次用该方法考察和分析了战后日本县民所得地区间差距收敛的原因。

的各国人均 GDP 数据。

（一）GFS 数据说明

国际货币基金组织从 1972 年开始，每年都按照固定的划分标准，搜集和整理 160 个成员国家或地区的财政数据。GFS 数据中关于财政支出的指标详细、样本量大，可以进行国际比较。本章在使用数据分析政府总支出或各项支出时，采用 GFS 数据库中政府部门及其各项支出的定义和分类。GFS 按政府职能将财政总支出划分为十类分项支出，分项支出具体情况将会在变量说明中给出。在资料中，政府总支出和分项支出都是以占 GDP 比重的形式给出的。

本章选取了 GFS 中 2011 年的数据进行计算，选取这一年的主要原因是该年份有数据可用的国家最多，财政总支出数据有 77 个国家或地区可以利用。另外，为了检验结果的稳健性，我们另外选择了 1995～2015 年非平衡面板数据进行计算，观测值数的增加可以增加估计结果的稳健性和可信性。瓦格纳法则的实质是政府支出和经济发展之间的关系，因此用国别数据进行验证时，样本国家最好涵盖不同发展阶段的国家。我们拟使用的 77 个国家或地区中，依照 2011 年世界银行的收入等级分类，高收入国家或地区占 36 个，中高收入国家或地区占 24 个，中低收入国家或地区占 16 个，低收入国家或地区占 1 个。从样本分布来说，虽然低收入国家或地区的数量过少，但整体而言具有一定的代表性。

（二）WDI 数据说明

世界发展指标数据（WDI）涵盖 214 个国家或地区 1960～2015 年的农业和农村发展、援助效率、气候变化、经济与增长、教育、能源和矿产、环境、外债、金融部门、性别、健康、基础设施、社会保护与劳动力、贫困、私营部门、公共部门、科学技术、社会发展、贸易、城市发展等20个方面的统计数据，共计1345个指标，具有广泛的参考性。本章主要运用WDI数据库中人均GDP（即人均国内生产总值）指标，它等于国内生产总值除以年中人口数。国内生产总值是一个经济体内所有居民生产者创造增加值的总和加上任何产品税并减去不包括在产品价值中的补贴，在计算时没有扣除资产折旧或自然资源损耗和退化。在WDI中的GDP有四种不同的计价方式，分别是以2010年为基期且以美元为单位（constant，2010，US，$）、以现期的美元为单位（current US $）、以基期不变的当地货币为单位（constant，LCU）和以现期的当地货币为单位（current，LCU）。本章选取以2010年为基期且以美元为单位（constant，2010，US，$）的人均GDP数据，并与GFS数据库中的财政支出数据进行匹配。

二、变量说明

被解释变量为财政总支出和10类分项支出占GDP的比重。GFS数据库把财政总支出分为10类分项支出，它们分别为：一般公共服务支出、国防支出、公共秩序和安全支出、经济事务支出、环境保护支出、住房与社区福利设施支出、医疗保健支出、娱乐、文化和宗教支出、教育支出和社会保护支出。出于回归系数解释上的方便，解释变量使用人均GDP的对数值。

（一）财政支出变量

GFS数据库按国民经济核算体系的分类，把财政总支出分类为 10 项，各项具体内容见表 6－1①。

表 6－1　　GFS 的财政支出划分情况

财政分项支出	主要项目	具体内容
一般公共服务	行政和立法机关、金融和财政事务、对外事务支出	机关运作；如公共资金和公共债务的管理；对外事务和服务的行政管理
	对外经济援助支出	对发展中国家和转轨国家的经济援助
	一般服务支出	一般人事服务；总体规划；统计服务
	公债交易	政府贷款付息及包销和债券发行费用
国防	军事防御	国防部队运作；工程、运输、通信等辅助运作；后备和辅助部队的运作
	民防	民防事务和服务；演习；民防部队运作
	对外军事援助	对外军事援助管理和军事援助特派团的运作；军事援助；维和部队
	研究和发展国防	国防应用研究和试验性开发的政府机构的管理和运作；提供的贷款和补贴
公共秩序和安全	警察和消防服务	正规和辅助警察部队和消防部队的运作
	法院和监狱	民事和刑事法院及司法系统的管理、运作
	研究和发展公共秩序和安全	实验性研发机构的运作；大学等非政府机构从事公共秩序和安全研究的支持
经济事务	一般经济、商业和劳工事务支出	对外商业事务；一般劳工事务的管理
	行业支出	农、林、渔和狩猎业；燃料和能源；采矿业、制造业和建筑业；交通服务管理；通信
环境保护	废物、废水管理和减少污染支出	废物、废水处理；空气和气候的保护、噪声和震动的减轻及辐射的防护
	保护生物多样性和自然景观	动物和植物物种的保护；生态环境保护

① 就分类的详细内容，参见 IFM（2014）的相应部分。

续表

财政分项支出	主要项目	具体内容
住房与社区福利设施	住房开发	住房事务和管理；评价活动
	社区发展	社会事务和管理；规划新区；教育、文化、娱乐等设施改善
	供水、街道照明	水净化；街道照明安装和维修
医疗保健	医疗产品、器械和设备	药品；器械和设备
	门诊和医院服务	一般医疗服务；专科医疗服务；牙科服务；医疗和妇产中心服务；疗养院服务
	公共医疗保健服务	血库运作；预防工作；计划生育等服务
娱乐、文化和宗教	娱乐和体育服务	娱乐和体育设施的运作
	文化、广播和出版服务	文化设施的运作
	宗教和其他社区服务	宗教事务支持；神职人员薪酬
教育	不同等级教育服务	学前、初等、中等和高等教育支出
	教育的辅助服务	交通；食品；住宿
社会保护*	疾病、残疾、老龄、儿童、遗属、失业、住房	现金或实物福利

注：* “社会保护的”英文为“Social Protection”，仔细阅读和查看政府财政统计手册（IFM，2014）对此解释可知，其内容和中文的社会保障完全相同，但因为IFM官方翻译中使用了“社会保护”一词（通过访问 https://www.imf.org/external/pubs/ft/gfs/manual/chi/pdf/all.pdf 可以查找和下载国际货币基金组织的《2001政府财政统计手册》的中文翻译版），因此本章在特指GFS财政支出分类第10项“Social Protection”时，使用“社会保护”一词，其他地方则遵照中文习惯，使用“社会保障”或“社会保障支出”的传统用语，有时还将社会保障支出简化为社保支出。也就是说，本章中的社会保护、社会保障或社保支出的意义是一样的，只不过是根据不同的习惯使用不同的用语而已。

资料来源：GFS（2011）数据库对财政支出的划分。

（二）经济发展水平变量

解释变量是人均GDP对数。根据使用数据说明中提到的四种计价方式，本章选取的是WDI数据库中第一种计价方式的人均GDP数据，即以不变价美元计算的人均GDP。将各国或地区按照本国或地区货币计算的GDP，依据汇率折算成以2010年美元价格计算的GDP。人均GDP对数值代表各个国家和地区的经济发展水平。

第五节 实证结果

一、财政支出与经济发展的关系

为了验证瓦格纳法则是否存在，即财政支出相对规模变化和各国经济发展水平的相关关系，本节包括三项计算：第一，把 2011 年各国财政总支出占 GDP 的比重对人均 GDP 对数进行回归；第二，把各分项支出占 GDP 比重对人均 GDP 对数值进行回归；第三，用面板数据对以上两种回归结果进行稳健性检验。

（一）财政总支出相对规模与经济发展水平的关系

本节用财政总支出占 GDP 比重对人均 GDP 对数值的回归来考察瓦格纳法则是否成立。表 6－2 显示了 2011 年 75 个国家财政总支出占 GDP 的比重对人均 GDP 对数值的回归结果[①]。回归估计采用了最小二乘法（OLS）估计和异方差稳健 OLS 两种估计方法，其中表 6－2 中列①是普通最小二乘

① 2011 年 77 个样本国家和地区有财政总支出和 GDP 比重对人均 GDP 数据可以利用，但其中阿富汗和基里巴斯两个国家属于异常值，其财政总支出占 GDP 比重过高，分别为 85.26% 和 73.09%，进一步考察发现，这两个国家情况比较特殊，阿富汗用于军事和公共秩序与安全的财政支出占 GDP 比重高达 55%，而基里巴斯是太平洋岛国，人口不足 12 万。由此可见，两国的数据很难说有代表性，属异常值，最终决定从回归分析中删除。

估计，列②是异方差稳健的最小二乘法估计。列①的 OLS 估计结果显示，人均 GDP 对数的估计系数（也就是瓦格纳法则系数）为 3.71，也就是人均 GDP 每增加 1%，财政总支出占 GDP 比重平均增加 3.71 个百分点，且估计系数在统计上达到了 1% 的显著水平。异方差稳健 OLS 估计结果中，表示统计显著水平的 t 值变化不大，说明两个变量之间统计关系的稳健性。从表 6-2 的估计结果得出来的结论是，财政支出随经济发展而增大的瓦格纳法则是成立的，而且统计上是显著的。

表 6-2　　2011 年财政总支出占 GDP 的比重的回归

变量	OLS 估计	异方差稳健 OLS 估计
	①	②
人均 GDP	3.71 *** (3.86)	3.71 *** (3.83)
常数项	2.05 (0.22)	2.05 (0.23)
样本量	75	75
adj. R^2	0.170	0.158

注：***、** 和 * 分别代表 1%、5% 和 10% 水平上统计显著，括号里为 t 值。人均 GDP 指代以不变价美元计算的人均 GDP 对数值。

（二）分项支出与经济增长的关系

随着经济发展，政府财政分项支出占 GDP 比重会如何变动呢？很多文献表明，经济水平与分项财政支出之间的关系，因财政支出的构成项目不同而不同，有些项目与人均 GDP 之间呈现正相关关系，有的则存在负相关关系，有些支出分项与经济发展没有直接关系。以下我们通过单回归分项考察财政支出与经济发展之间的关系。使用 GFS 数据库中对财政支出的划分方法，共分为 10 项支出。在 2011 年，GFS 数据库中一些国家或地区的分项支出数据缺失，所以在对各分项支出回归时，国家样本数减少到57个，而国防支出、公共秩序和安全支出和环境保护支出的国家样本量为56个。表6－3给出了每项财政分项支出对人均GDP对数的回归结果。

表6－3 分项支出占GDP的比重对人均GDP对数回归的结果

变量	一般公共服务支出	国防支出	公共秩序和安全支出	经济事务支出	环境保护支出
人均GDP	0.29 (0.92)	－0.02 (0.12)	－0.19*** (2.76)	－0.37 (1.32)	－0.04 (0.48)
常数项	3.35 (1.09)	1.60 (1.20)	3.70*** (5.52)	8.33*** (3.04)	1.07 (1.19)
样本量	57	56	56	57	56
adj. R^2	0.003	0.018	0.107	0.013	0.014
变量	住房与社区福利设施支出	医疗保健支出	娱乐、文化和宗教支出	教育支出	社会保护支出
人均GDP	－0.19** (－2.32)	1.23*** (5.25)	0.11* (1.75)	0.24 (1.23)	2.40*** (3.62)
常数项	2.78*** (3.58)	－7.16** (3.15)	－0.06 (0.09)	2.59 (1.38)	－10.83* (1.69)
样本量	57	57	57	57	57
adj. R^2	0.072	0.321	0.035	0.009	0.178

注：***、**和*分别代表1%、5%和10%水平上统计显著，括号里为t值。人均GDP指代以不变价美元计算的人均GDP对数值。

整体来看，一般公共服务支出，医疗保健支出，娱乐、文化和宗教支出，教育支出和社会保护支出的瓦格纳法则系数大于0，即经济水平的提高对这几项财政支出比重有正向影响。国防支出、公共秩序和安全支出、经济事务支出、环境保护支出、住房与社区福利设施支出的瓦格纳法则系数小于0，即经济水平的提高对这几项财政支出比重有负向影响。其中，只有医疗保健支出和社会保护支出正向显著，社会保护支出的瓦格纳法则系数为 2.40，医疗保健支出的瓦格纳法则系数为 1.23，即当人均 GDP 增加 1% 时，社会保护支出比重和医疗保健支出比重分别增加 2.40% 和 1.23%。分项支出中只有公共秩序和安全支出、住房与社区福利支出负向显著，公共秩序和安全支出的瓦格纳法则系数为 -0.19，住房与社区福利设施支出瓦格纳法则系数为 -0.19，即当人均 GDP 增加 1% 时，公共秩序和安全支出比重、住房与社区福利设施支出比重下降 0.19%。

（三）基于面板数据的稳健性检验

以上使用 2011 年数据，对财政总支出及其分项支出占 GDP 比重对人均 GDP 对数值进行了回归分析，另外，上文的回归分析为单变量最小二乘估计，符合瓦格纳法则系数分解公式［即式（6-3）］的要求，下面我们将利用 2011 年单变量最小二乘估计结果，对瓦格纳系数进行分解。这里，为了检验以上瓦格纳系数估计值以及分项财政支出对人均 GDP 对数值回归系数的稳健性，我们将利用面板数据重新进行估计。

在我们使用的数据中，1994 年之前样本数非常少。1994 年仅有三个国家，1989 年之前只有一个国家，为此我们选择了 1995～2015 年，1995 年有 22 个国家，2015 年有 36 国家（因某些国家向 IFM 报告数据有一定的滞后期）。估计时，我们采用了固定面板模型，即在说明变量中增加年份和地区虚拟变量进行回归估计。当我们加入国家虚拟变量时，绝大多数情况下，人均 GDP 对数值的估计系数达不到显著水平（可能是因为国家虚拟变量过多，回归估计的自由度不足所致）。为此我们尝试了地区虚拟变量，作为区域分类标准，我们采用 WDI 数据的地区分类，即把全球划分为东亚和太平洋、欧洲和中亚、拉美和加勒比、中东和北非、北美、南亚、撒哈拉以南非洲等7个地区。回归结果符合我们的预期，具体结果显示在表6-4中。

表6-4 财政总支出及其分项占GDP比重对人均GDP对数回归结果

被解释变量	回归系数	t值	R^2
财政支出	3.02***	6.09	0.48
一般公共服务支出	0.41	1.39	0.22
国防支出	-0.06	-0.80	0.26
公共秩序与安全支出	-0.25*	-2.19	0.32
经济事务支出	-0.41	-1.92	0.19
环境保护支出	0.09	1.15	0.14
住房与社区福利设施支出	-0.21***	-4.67	0.25
医疗保健支出	1.06***	37.85	0.46
娱乐、文化和宗教支出	0.11***	11.73	0.23
教育支出	0.27**	2.46	0.20
社会保护支出	2.08***	9.36	0.60

注：***、**和*分别代表1%、5%和10%水平上统计显著。上述回归均控制地区固定效应和年份固定效应，且在地区层面聚类，样本量为920。

比较面板模型估计结果的表6-4与2011年最小二乘模型估计结果的表6-2和表6-3可知，首先，在估计系数的符号和统计显著程度上，两种模型的估计结果几乎完全相同。如财政总支出、医疗保健支出以及社会保护支出等估计系数，在两种估计中均为正数，且均达到了统计上的显著水平。其次，在估计系数大小上，两类估计之间虽然有一点的差异，但相差不大。例如，瓦格纳系数估计值，2011年单变量最小二乘估计值为3.71，而面板模型估计值3.02。再如，社会保护支出估计值，2011年单变量最小二乘估计值为2.40，而面板模型估计值2.08。这种程度的差异是可以接受的。

通过面板模型的估计结果，我们可以得出结论：瓦格纳法则所反映的政府支出规模与经济发展水平的正相关关系是存在的。下面我们通过瓦格纳法则系数分解的方法，从财政总支出构成的角度考察瓦格纳法则的形成机制。

二、财政分项支出的贡献度分析

根据式（6－3）可知，财政总支出的瓦格纳法则系数等于各分项支出的瓦格纳法则系数之和，并将分项支出的瓦格纳法则系数与总支出的瓦格纳法则系数之比作为该项支出对总支出规模变动的贡献度［参见式（6－4）］。以下报告瓦格纳法则系数的分解结果，并报告各项财政支出对瓦格纳法则系数的贡献度。

（一）分项财政支出对人均 GDP 对数值的回归结果

在数据选择方面，式（6－3）对瓦格纳法则系数的分解，需要财政总支出及其分项财政支出对人均 GDP 进行回归时使用相同的样本，否则不能进行严格分解。2011 年财政总支出及其分项支出，以及人均 GDP 均有数据可利用的国家，缩减至 55 个，以下用该样本进行估计，估计结果显示在表 6－5 中。虽然样本有所变化，但与表 6－4 相比，表 6－5 的结果变化不大，变化最大的是教育支出，估计系数由 0.24 变为 0.39，重要的 t 值由 1.23 提高至 1.98，从此统计上变得显著。该估计值显示，人均 GDP 增加 1%，教育支出比重增加 0.39%，经济发展水平的提高对教育支出比重增加有正向影响。

表 6-5　　分项财政支出占 GDP 的比重对人均 GDP 对数值的回归结果

变量	财政总支出	一般公共服务支出	国防支出	公共秩序和安全支出	经济事务支出	环境保护支出
人均 GDP	3.75*** (3.05)	0.12 (0.36)	-0.02 (0.13)	-0.20*** (2.83)	-0.28 (0.98)	-0.07 (0.74)
常数项	2.25 (0.19)	5.11 (1.57)	1.63 (1.18)	3.81*** (5.52)	7.32** (2.64)	1.34 (1.43)
样本量	55	55	55	55	55	55
adj. R^2	0.133	0.016	0.019	0.115	0.001	0.008
变量	财政总支出	住房与社区福利设施支出	医疗保健支出	娱乐、文化和宗教支出	教育支出	社会保护支出
人均 GDP	3.75*** (0.00)	-0.25*** (3.07)	1.28*** (5.08)	0.09 (1.34)	0.39* (1.98)	2.69*** (3.84)
常数项	2.25 (0.852)	3.47*** (4.31)	-7.71*** (3.13)	0.15 (0.22)	1.01 (0.52)	-13.87** (2.02)
样本量	55	55	55	55	55	55
adj. R^2	0.133	0.135	0.315	0.015	0.051	0.203

注：***、** 和 * 分别代表 1%、5% 和 10% 水平上统计显著，括号里为 t 值。人均 GDP 指代以不变价美元计算的人均 GDP 对数值。

（二）分项支出的贡献度

根据表 6-5 的估计结果以及式（6-4）的计算方法，我们计算了分项财政支出对瓦格纳法则系数的贡献度，结果显示在表 6-6 中。从该表可以看出，财政总支出对人均 GDP 对数值的估计系数即瓦格纳法则系数值为 3.75，分项回归系数加总等于 3.76，二者在小数点后第二位的差异，是由四舍五入导致的。有些分项财政支出的贡献度为正数，有些为负数，正数表示该分项支出对瓦格纳法则具有正的贡献；相反，负号说明该分项财政支出削弱了财政总支出与经济发展水平之间正相关关系，即表现为对瓦格纳法则的负贡献。

表 6-6　　财政支出构成对瓦格纳法则贡献度分析

序号	支出项目（占 GDP 比重）	回归系数值	贡献度（%）
1	一般公共服务支出	0.12	3.14
2	国防支出	-0.02	-0.51
3	公共秩序和安全支出	-0.20***	-5.33
4	经济事务支出	-0.28	-7.38
5	环境保护支出	-0.07	-1.90
6	住房与社区福利设施支出	-0.25***	-6.71
7	医疗保健支出	1.28***	34.15
8	娱乐、文化和宗教支出	0.09	2.44
9	教育支出	0.39*	10.47
10	社会保护支出	2.69***	71.66
11	财政总支出	3.75***	100.00

注：***、** 和 * 分别代表 1%、5% 和 10% 水平上统计显著，括号里为 t 值。人均 GDP 指代以不变价美元计算的人均 GDP 对数值。

从表 6-6 中可以看出不同分项支出对财政总支出比重变化的贡献度，其中，一般公共服务支出，医疗保健支出，娱乐、文化和宗教支出，教育支出，社会保护支出的贡献度系数为正，国防支出、公共秩序和安全支出、经济事务支出、环境保护支出、住房与社区福利设施支出的贡献度为负。贡献度系数为正的分项支出，社会保护支出的贡献度最大，为 71.66%；其次是医疗保健支出比重，贡献度为 34.15%，教育支出的贡献度为 10.47%；贡献度系数为负的分项支出中，住房与社区福利设施支出为 -6.71%，其次是公共秩序和安全支出为 -5.33%；其他五项支出比重的贡献之和为 -3.75%，但回归中其解释变量的系数并不显著。可见，财政支出相对规模的提升，主要是由于社会保护支出和医疗保健支出的相对规模的上升所导致。

三、中国财政支出规模及其构成——基于国际比较的考察

以上应用国别数据，验证了瓦格纳法则的存在，并通过瓦格纳法则系数的分解，从财政支出构成的角度，对瓦格纳法则的形成机制进行了分析。简言之，财政总支出占 GDP 比重之所以与经济发展水平之间呈现正相关关系，主要是因为社会保护支出、医疗支出以及教育支出等民生支出随人均 GDP 的提高而不断增大带来的，是随着经济发展，各国政府更加重视收入分配问题和低收入人口福祉提高的结果。

作为以上讨论的延伸，本节利用已经生成的国际可比数据，从国际比较的视野观察一下我国财政支出规模及其构成的特征，为更准确、更深入地理解我国政府财政支出及其背后的政府行为和功能提供更多、更有意义的证据。

瓦格纳法则告诉我们，财政支出总额占 GDP 比重与经济发展水平之间呈现正相关关系，而且这种正相关关系主要源于医疗支出、教育支出，尤其是社会保护支出有随经济水平的提高而不断增大的趋势。因为财政支出占 GDP 比重与经济发展水平之间的相关关系，在把我国与其他国家比较时，需要选择与我国发展水平大致相同的国家进行比较，不加选择的国际比较没有意义。例如，把我国与发达国家相比有失妥当，因为我国仍然是个发展中国家，与发达国家不具有可比性。作为比较对象，发展中国家尤其是发展程度与我国大致相同的国家更合适，由此得到的分析结果更有意义。

如何确定经济发展水平与我国大致相同的国家？进一步说，如何找到经济发展水平与我国大致相同国家的财政总支出和分项支出的水平？对此，从回归分析中得到的有条件均

值可以简单地提供答案。以财政总支出为例，财政总支出占GDP比重对人均GDP对数值回归结果，代入中国人均GDP对数值得到的被说明变量（即财政总支出占GDP比重）的预测值，即是经济发展水平与我国相同国家的财政总支出占GDP比重的平均值，用公式表示为 $\hat{\alpha}+\hat{\beta}\ln gdp_{China}$，这里的 $\hat{\alpha}$ 和 $\hat{\beta}$ 分别为使用2011年数据对式（6-1）系数的估计结果，$\ln gdp_{China}$ 为2011年我国人均GDP。分项财政支出可通过同样的方法得到［但需要利用式（6-2）的估计结果］。以下我们把中国财政支出实际值和预测值进行比较，相关结果显示在表6-7中。

表6-7　中国财政支出规模及其构成——基于国际比较的考察　　单位：%

财政支出项目	财政支出占GDP比重			财政总支出的构成		
	样本均值①	中国实际值②	中国预测值③	样本均值④	中国实际值⑤	中国预测值⑥
财政总支出	38.7	26.8	34.8	100.0	100.0	100.0
一般公共服务支出	6.1	2.7	5.8	15.9	10.0	16.7
国防支出	1.4	1.2	1.5	3.7	4.6	4.2
公共秩序和安全支出	1.9	1.3	2.1	4.8	4.8	6.0
经济事务支出	4.7	8.0	5.2	12.3	29.8	14.8
环境保护支出	0.6	0.5	0.7	1.7	2.0	2.0
住房与社区福利设施支出	1.0	1.8	1.2	2.6	6.7	3.5
医疗保健支出	4.7	0.9	3.3	12.1	3.3	9.5
娱乐、文化和宗教支出	1.0	0.4	0.9	2.6	1.6	2.6
教育支出	4.9	3.5	4.6	12.6	13.1	13.3
社会保护支出	12.3	6.4	9.6	31.7	24.0	27.5

表6-7中列①~列③为财政总支出和分项支出占GDP的比重，列④~列⑥为财政支出总额中分项财政支出占比。

为了参考起见，表中列①和列④给出了样本均值。列①~列③显示，以财政总支出占 GDP 比重衡量的财政支出规模，我国很低，不仅低于样本均值，同时显著低于经济发展水平大致相同国家的均值，具体而言，与经济发展水平相同国家的平均水平相比，我国财政支出占 GDP 比重低 8 个百分点（即 34.8% -26.8%），较均值低近 12 个百分点（即 38.7% -26.8%）。分项看，在经济事务支出、住房与社区福利设施支出两项上，我国的实际值高于预测值，其中经济事务支出更显著，实际值高出预测值近 3 个百分点（即 8% -5.2%）。在我国财政支出总体水平显著低于同等发展中国家的情况下，经济事务领域的财政支出相对较高，说明我国财政支出集中于经济建设，从列②分项数据可以看出，在我国 10 类分项财政支出中，经济事务支出最大。除以上两项财政支出外，其他分项财政支出的实际值均低于预测值，其中以医疗保健支出和社会保护支出为最高。

在我国财政支出总体规模低于同等发展中国家（即表 6-7 中的预测值）的情况下，单纯地就分项对比实际值和预测值的大小，缺少直观性，具有一定的局限性。在控制财政支出规模的条件下，通过对比财政支出总额的构成，可以了解我国财政支出的投向和在不同分项之间的分布，由此可以判断我国财政支出的优先领域和投入不足的公共服务。表 6-7 中的列④~列⑧提供相关信息。

在占财政总支出比重上，经济事务支出的实际值远远超过预测值，前者为后者的 2 倍多。实际值高于预测值的其他支出分项有住房与社区福利设施支出，实际值和预测值大致相同的支出项目有国防支出、环境保护支出和教育支出等。实际值显著低于预测值的项目有一般公共服务支出、医疗保健支出和社会保护支出，其中医疗保健支出差距最大，实际值仅为预测值的三分之一。在医疗保健支出和社会保护支出上的投入不足，对于改善当前我国收入不平等以及提高低收入人群的福利水平是十分不利的。

综合本节的分析结果可知，与发展水平大致相同国家相比，我国财政支出的特点是在经济事务支出上投入较大，但在医疗保健支出和社会保护支出上投入较少，这就是我国学术界通常所说的“重投资、轻民生”的财政支出结构。

第六节 结论与启示

本章使用了 GFS 的财政支出和 WDI 的人均 GDP 截面数据，构建了各国财政支出与经济发展水平的回归模型，使用瓦格纳法则系数分析财政总支出规模以及各项分项支出规模与经济发展的关系，最终测算出各分项支出对财政总支出比重变动的贡献度。主要的结论有以下几点：

首先，使用 2011 年 77 个国家或地区的数据分析发现，财政总支出比重和经济发展水平之间存在显著的正向相关关系，这说明“政府支出占 GDP 的比重随着人均 GDP 的上升而上升”的瓦格纳法则是成立的。考虑到结果的稳健性，我们同时使用了 1995 ~ 2015 年非平衡面板数据进行了估计，分析结果和 2011 年相似。在财政分项支出中，人均 GDP 的增加对社会保护支出、医疗保健支出和教育支出有正向影响，但对公共秩序和安全支出、住房与社区福利设施支出有负向影响。随着经济的不断发展，政府的财政支出规模不断扩大，财政支出结构也发生改变。社会呈现出对以社会保护支出为主的福利性支出的需求增加，对经济建设和国家安全的支出需求减少。

其次，社会保护支出在财政支出中具有重要的地位，社会保护支出对瓦格纳法则成立的贡献度最大，为正向的71.66%，也就是说财政支出相对规模的提升，主要是由于社会保护支出相对规模的上升所导致，社会保障在经济社会的发展中发挥着越来越重要的作用。但我国的社会保障支出比重明显低于世界各国的平均水平。同时医疗保健水平也明显低于其他国家。我国应该适当增加福利性支出，适当减少基础设施建设和公共安全等方面的支出，优化支出结构，更好地适应经济发展的需要。

再次，本章通过不同国家的截面数据考察和验证了瓦格纳法则的成立，截面数据的结果能否以及在多大程度上与时间序列的结果保持一致，有待未来进一步研究。

最后，本章为瓦格纳法则形成机制提供了一种解释，即社会保障、医疗以及教育等民生性支出随经济发展水平的提高而增加的现象，是促成瓦格纳法则的主要成因。但这一点与传统研究中关于瓦格纳法则形成机制的结论不完全一致。从本章的文献综述中可以看出，早期相关研究主要强调经济发展过程中工业化和城市化对交通运输、城市服务等需求的增加在瓦格纳法则形成中的重要性，这一点与本章的研究结论相差很大。在瓦格纳法则形成机制上，为何有如此大的差异，瓦格纳法则的形成机制究竟何在，是否随时代不同而不同等一系列问题，值得未来进一步研究。

附　　录

基尼系数路径曲线的形状分析以及相关证明

本书第四章的基尼系数路径曲线是指当给定补贴的分布时，补贴后总收入的基尼系数随着补贴率变化的曲线$G_Y(r)$。基尼系数路径曲线具有如下特征：

(1) $G_Y(r)$曲线以G_X为起点，以G_S为终点。即当补贴率等于0时，总收入基尼系数等于初始收入的基尼系数；当补贴率接近无穷大时，总收入基尼系数接近于补贴本身的基尼系数。

(2) $G_Y(r)$曲线的斜率取决于$C_S^Y - G_Y$的符号。根据公式(4-5)可知，当$C_S^Y - G_Y > 0$时曲线递增，当$C_S^Y - G_Y < 0$时曲线递减，当$C_S^Y - G_Y = 0$时曲线斜率为0。

(3) $G_Y(r)$曲线不可能由递增或水平不变转为递减，因此曲线至多只能存在一个转折点，由递减转为递增。

证明过程如下：

(1) 首先需知C_S^Y具有非递减属性：C_S^Y表示以Y为排序变

量的 S 的集中度，Y 的排序与 S 本身的排序越接近，则 C_S^Y 越接近其最大值 G_S；Y 的排序与 S 越背离，则 C_S^Y 越接近其最小值 $-G_S$。当补贴率 r 增加时，Y 的排序一定会更加接近于 S 的排序，因此 C_S^Y 具有非递减属性，逐渐增加至等于 G_S。

（2）若基尼系数路径曲线存在由递增或水平不变转为递减的点，则在转折点处斜率为 0，$C_S^Y - G_Y = 0$，转折点右边 G_Y 递减，斜率小于零，$C_S^Y - G_Y < 0$，而由于 C_S^Y 非递减、G_Y 递减，在转折点的右边 $C_S^Y - G_Y$ 的值一定大于 0，与前文相违背，因此不存在这样的转折点。

根据以上特征，我们可以根据基尼系数路径曲线的起点（$r=0$ 时）和终点（$r\to\infty$ 时）的变化方向来推断基尼系数路径的种类。

首先，在起点处 $X=Y$，因此 $C_S^Y - G_Y = C_S^X - G_X = P$。基尼系数路径的变化方向取决于累进性 P 的符号：当 $P>0$ 时基尼系数随着补贴的增加而上升，$P<0$ 时基尼系数随着补贴的增加而降低，$P=0$ 时基尼系数保持不变。

其次，根据 $G_Y = \frac{X}{Y}\cdot C_X^Y + \frac{S}{Y}\cdot C_S^Y$，可以得到 $C_S^Y - G_Y = \frac{X}{S}(G_Y - C_X^Y)$，由于 $\lim\limits_{S\to\infty} G_Y = G_S$，$\lim\limits_{S\to\infty} C_X^Y = C_X^S$，因此，基尼系数路径曲线在终点处的斜率取决于 $G_S - C_X^S$ 的符号：当 $G_S > C_X^S$ 时，基尼系数递增；当 $G_S < C_X^S$ 时，基尼系数递减；当 $G_S = C_X^S$ 时，基尼系数曲线水平不变。

综上，G_X 和 C_S^X 的相对大小关系（即 P 指数）决定了曲线起点的走向，G_S 和 C_X^S 的相对大小关系决定了曲线终点的走向。

由于一个数列的集中度一定小于等于其基尼系数，因此有 $C_X^S \leqslant G_X$、$C_S^X \leqslant G_S$，进而有 $C_S^X - G_X \leqslant G_S - G_X \leqslant G_S - C_X^S$。结

合前文的特征（3）可知：

①当$C_S^X-G_X>0$时，$G_S-C_X^S$一定大于0；即若基尼系数路径在起点处递增（$P>0$，累退），则在终点处依然递增，基尼系数路径为单调递增。

②$C_S^X-G_X=0$时，$G_S-C_X^S\geqslant0$，即基尼系数路径曲线若在起点处水平不变（$P=0$，既不累进也不累退），存在两种情况，第一种是终点处依然水平不变（$G_S-C_X^S=0$，S与X的排序一致，比例补贴），第二种是终点处递增（$G_S-C_X^S>0$，S与X的排序不一致），基尼系数路径先水平后递增。

③$C_S^X-G_X<0$时，G_S与C_X^S的关系不确定，即基尼系数路径曲线若在起点处递减（$P<0$，累进），则在终点处可能存在递减、递增和水平不变三种情形。

根据G_X和C_S^X、G_S和C_X^S这四个指数之间的关系，我们可将基尼系数路径曲线的全部情况列出，见表A和图A。

表A　基尼系数路径曲线分类

	$G_S-C_X^S>0$	$G_S-C_X^S=0$	$G_S-C_X^S<0$
$C_S^X-G_X>0$	单调递增	—	—
$C_S^X-G_X=0$	先水平后递增	水平不变	—
$C_S^X-G_X<0$	先递减后递增	先递减后水平	先递减后递增

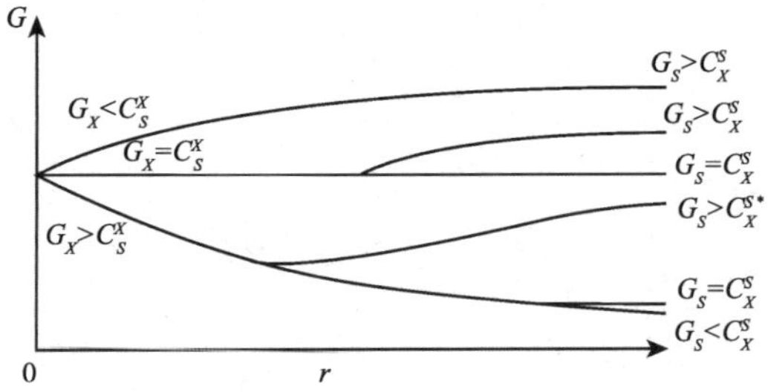

图A　基尼系数路径曲线的形状

注：*此曲线的终点可能会高于G_X，也可能会低于G_X。

参考文献

[1] 鲍曙光，2016. 我国财政转移支付财力均等化效应研究 [J]. 中央财经大学学报 (3).

[2] 财政部社会保障司课题组，2007. 社会保障支出水平的国际比较 [J]. 财政研究 (10).

[3] 蔡萌，岳希明，2016. 我国居民收入不平等的主要原因：市场还是政府政策 [J]. 财经研究 (4).

[4] 岑永，陈强，2003. 瓦格纳法则在中国适用性的实证分析 [J]. 美中经济评论 (12).

[5] 陈共，2000. 财政学 [M]. 北京：中国人民大学出版社.

[6] 陈宗胜，文雯，任重，2016. 城镇低保政策的再分配效应——基于中国家庭收入调查的实证分析 [J]. 经济学动态 (3).

[7] 陈斌开，杨依山，许伟，2009. 中国城镇居民劳动收入差距演变及其原因.1990—2005 [J]. 经济研究 (12).

[8] 陈银娥，何雅菲，2013. 人口结构与贫困：来自中国的经验证据 [J]. 福建论坛 (人文社会科学版) (7).

[9] 范从来，张中锦，2011. 分项收入不平等效应与收入结构的优化 [J]. 金融研究 (1).

[10] 国家统计局住户调查办公室，2016. 中国农村贫困

监测报告2016 [M]. 北京: 中国统计出版社.

[11] 国家统计局住户调查办公室, 2015. 中国农村贫困监测报告2015 [M]. 北京: 中国统计出版社.

[12] 国家统计局住户调查办公室, 2014. 2014中国住户调查年鉴 [M]. 北京: 中国统计出版社.

[13] 国家统计局住户调查办公室, 2012. 中国农村贫困监测报告2011 [M]. 北京: 中国统计出版社.

[14] 国家统计局农村社会经济调查司, 2011. 中国农村贫困监测报告2010 [M]. 北京: 中国统计出版社.

[15] 国家统计局农村社会经济调查总队, 2000. 中国农村贫困监测报告2000 [M]. 北京: 中国统计出版社.

[16] 郭凯明, 张全升, 龚六堂, 2011. 公共政策, 经济增长与不平等演化 [J]. 经济研究 (2).

[17] 蒋洪, 马国贤, 赵海利, 2002. 公共高等教育利益归宿的分布及成因 [J]. 财经研究 (3).

[18] 贾晓俊, 岳希明, 2015. 我国不同形式转移支付财力均等化效应研究 [J]. 经济理论与经济管理 (1).

[19] 贾晓俊, 岳希明, 王怡璞, 2015. 分类拨款, 地方政府支出与基本公共服务均等化 [J]. 财贸经济 (4).

[20] 贾凯威, 2015. 政府公共支出与经济增长. 基于MTAR模型的瓦格纳法则再检验 [J]. 统计与决策 (13).

[21] 姜爱华, 2008. 政府开发式扶贫资金绩效研究 [M]. 北京: 中国财政经济出版社.

[22] 蒋选, 韩林芝, 2009. 教育与消除贫困: 研究动态与中国农村的实证研究 [J]. 中央财经大学学报 (3).

[23] 李实, 佐藤宏, 史泰丽, 2013. 中国收入差距变动分析——中国居民收入分配研究IV [M]. 北京: 人民出版社.

[24] 李培林, 魏后凯, 2017. 中国扶贫开发报告

(2016) [M]. 北京：社科文献出版社.

[25] 李树生，2009. 基于结构突变的瓦格纳定律的实证检验 [J]. 经济问题 (12).

[26] 李兴江，2005. 中国农村扶贫开发的伟大实践与创新 [M]. 北京：中国社会科学出版社.

[27] 李小云，张雪梅，唐丽霞，2005. 我国中央财政扶贫资金的瞄准分析 [J]. 中国农业大学学报（社会科学版）(3).

[28] 黎友焕，王凯，2010. 改革开放30年财政支出与中国经济增长——基于省级面板数据的实证分析 [J]. 华东经济管理 (1).

[29] 刘永富，2016. 以精准发力提高脱贫攻坚成效 [N]. 人民日报，2016-1-11.

[30] 刘坚，2006. 新阶段扶贫开发的成就与挑战.〈中国农村扶贫开发纲要（2001—2010)〉中期评估报告 [M]. 北京：中国财政经济出版社.

[31] 刘慧，1998. 我国扶贫政策演变及其实施效果 [J]. 地理科学进展 (4).

[32] 马双，张劼，朱喜，2012. 最低工资对中国就业和工资水平的影响 [J]. 经济研究 (5).

[33] 聂海峰，岳希明，2012. 间接税归宿对城乡居民收入分配影响研究 [J]. 经济学（季刊）(1).

[34] 申秋，2017. 中国农村扶贫政策的历史演变和扶贫实践研究反思 [J]. 江西财经大学学报 (1).

[35] 汪三贵，2020. 中国扶贫绩效与精准扶贫 [J]. 政治经济学评论 (3).

[36] 汪三贵，Albert Park，Shubham Chaudhuri，2007. 中国新时期农村扶贫与村级贫困瞄准” [J]. 管理世界 (1).

[37] 汪三贵，李文，李芸，2004. 我国扶贫资金投向及效果分析 [J]. 农业技术经济 (5).

[38] 王延中，龙玉其，江翠萍，徐强，2016. 中国社会保障收入再分配效应研究——以社会保险为例 [J]. 经济研究 (2).

[39] 王宝顺，2010. 财政支出与经济增长. 瓦格纳法则的中国证据 [J]. 广东财经大学学报 (4).

[40] 王德祥，李建军，2008. 人口规模，“省直管县”对地方公共品供给的影响——来自湖北省市，县两级数据的经验证据 [J]. 统计研究 (12).

[41] 王凯，庞震，潘颖，2011. “瓦格纳法则”在中国适用性研究 [J]. 经济与管理 (2).

[42] 吴凯，2006. 浅论瓦格纳法则在中国的适用性 [J]. 财经论丛 (3).

[43] 徐建炜，马光荣，李实，2013. 个人所得税改善中国收入分配了吗——基于对 1997—2011 年微观数据的动态评估 [J]. 中国社会科学 (6).

[44] 杨灿明，孙群力，2011. 中国居民收入差距与不平等的分解——基于 2010 年问卷调查数据的分析 [J]. 财贸经济 (11).

[45] 尹恒，康琳琳，王丽娟，2007. 政府间转移支付的财力均等化效应——基于中国县级数据的研究 [J]. 管理世界 (1).

[46] 岳希明，2017. 战后日本地区间收入差距缩小原因的研究 [M]. 北京：中国财政经济出版社.

[47] 岳希明，徐静，2012. 我国个人所得税的居民收入分配效应 [J]. 经济学动态 (6).

[48] 岳希明，李实，2003. 贫困县的瞄准问题 [J]. 中

国社会科学评论（3）.

［49］曾福生，曾志红，范永忠，2015. 克贫攻坚：中国农村扶贫资金效率研究［M］. 北京：中央编译出版社.

［50］张世伟，贾朋，2014. 最低工资标准调整的收入分配效应［J］. 数量经济技术经济研究（3）.

［51］张伟宾，汪三贵，2013. 扶贫政策，收入分配与中国农村减贫［J］. 农业经济问题（2）.

［52］郑春荣，2008. 瓦格纳法则的检验及在中国的适用性研究［J］. 理论探讨第（5）.

［53］张磊，2007. 中国扶贫开发政策演变（1949—2005）［M］. 北京：中国财政经济出版社.

［54］1986. 国民经济和社会发展第七个五年计划（1986—1990）［M］. 北京：人民出版社.

［55］Abizadeh, S., and J. Gray, 1985. Wagner's Law: A Pooled Time - series, Cross - section Comparison［J］. National Tax Journal, 38（2）: 209 - 218.

［56］Ahluwalia, M. S., 1976. Income Distribution and Development: Some Stylized Facts［J］. American Economic Review, 66（2）: 128 - 135.

［57］Alleyne, D., 1999. Testing for Wagner's Law in Jamaica, Guyana, Barbados and Trinidad and Tobago: Is there a Spurious Relationship?［J］. Social and Economic Studies, 48（3）: 121 - 135.

［58］Anand, S., and S. M. R. Kanbur, 1993. The Kuznets Process and the Inequality - Development Relationship［J］. Journal of Development Economics, 40（1）: 25 - 52.

［59］Atkinson, A., 1980. The Measurement of Tax Progressivity of the Tax Burden in Henry Aaron and Michael Boskin, eds., Economics of Taxation [M]. Washington, DC.: The Brookings Institution, p. 3 – 18.

[60] Bird, R. M. and Zolt, E. M., 2005. Redistribution via Taxation: the Limited Role of the Personal Income Tax in Developing Countries [J]. UCLA Law Review, 52: 1627 – 1695.

[61] Bird, R. M., 1971. Wagner's Law of Expanding State Activity [J]. Public Finance, 26 (1): 1 – 26.

[62] Bloom, D. and Canning, D. and Sevilla, J., 2011. Effect of Health on Economic Growth: Theory and Evidence [M]. NBER Working Paper, No. 8587, Cambridge, MA.

[63] Dollar, D. and Kraay, A., 2002. Growth is Good for Poor [J]. Journal of Economic Growth, (3): 1 – 43.

[64] Durevall, D., and M. Henrekson, 2010. The Futile Quest for A Grand Explanation of Long – run Government Expenditure [J]. Working Paper, 95 (7 – 8): 708 – 722.

[65] Ferreira, F. H. G. and Ravallion M., 2008. Global Poverty and Inequality: A Review of the Evidence [J]. World Bank Policy Research Working Paper, 4623.

[66] Fogel, W., 1994. Economic Growth, Population Theory and Physiology: The Bearing of Long – term Processes on the Making of Economic Policy [J]. American Economic Review, 84 (3): 369 – 395.

[67] Fratianni, M. and F. Spinelli, 1982. The Growth of Government in Italy: Evidence from 1861 to 1979 [J]. Public Choice, 39 (2): 221 – 243.

[68] Gemmell, N., 1990. Wagner's Law, Relative Prices and the Size of the Public Sector [J]. Manchester School, 58 (4): 361 – 377.

[69] International Monetary Fund. 2014. Government Fiscal Statistics Manual 2014 [M]. Washington, D. C.

[70] Kakwani, N. C., 1984. On the Measurement of Tax Progressivity and Redistributive Effect of Taxes with Applications to Horizontal and Vertical Equity [J]. Advances in Econometrics, (3): 149 - 168.

[71] Kakwani, N. C., 1980. Income Inequality and Poverty Methods of Estimation and Policy Applications [M]. New York: Oxford University Press.

[72] Kakwani, N. C., 1977. Measurement of Tax Progressivity: An International Comparison [J]. The Economic Journal, 87 (345): 71 - 80.

[73] Kinam K. and Lambert, P. J., 2009. Redistributive Effect of U. S. Taxes and Public Transfers 1994—2004 [J]. Public Finance Review, 37 (1): 3 - 26.

[74] Kravis, I. B., 1960. International Differences in the Distribution of Income [J]. Review of Economics and Statistics, 42 (2): 408 - 416.

[75] Kristjánsson, A. S., 2011. Income Redistribution in Iceland: Development and European Comparisons [J]. European Journal of Social Security, 13 (4), 392 - 423.

[76] Kuznets, S., 1955. Economic Growth and Income Inequality [J]. American Economic Review, 45 (1): 1 - 28.

[77] Lamartina, S. and A. Zaghini, 2011. Increasing Public Expenditure: Wagner's Law in OECD Countries [J]. German Economic Review, 12 (2): 149 - 164.

[78] Lerman, R. I. and S. Yitzhaki, 1985. Income Inequality Effects by Income [J]. Review of Economics and Statis-

tics, 67 (1), 151 - 156.

[79] Linxiu Zhang, Jikun Huang, Scott Rozelle, 2003. China's War on Poverty: Assessing Targeting and the Growth Impacts of Poverty Programs [J]. Journal of Chinese Economic and Business Studies, 1 (3): 301 - 317.

[80] Lustig, N., 2011. Fiscal Policy and Income Redistribution in Latin America: Challenging the Conventional Wisdom [J]. Tulane Economics Working Paper Series, 1124.

[81] Mahler, V. A. and Jesuit D. K., 2006. Fiscal Redistribution in the Developed Countries: New Insights from the Luxembourg Income Study [J]. Socio - Economic Review, 4 (3): 483 - 511.

[82] Milanovic B., 1999. Do More Unequal Countries Redistribute More? Does the Median Voter Hypothesis Hold [J]. World Bank Policy Research Working Paper, No. 2264.

[83] Musgrave R. A. and Thin T., 1948. Income Tax Progression 1929 - 48 [J]. Journal of Political Economy, 56 (6): 498 - 514.

[84] Office for UK National Statistics, 2010. Effects of Taxes and Benefits on Household Income, 2008/09 [R]. National Statistical Bulletion.

[85] Peacock, A. and A. Scott, 2000. The Curious Attraction of Wagner's Law [J]. Public Choice, 102 (1 - 2): 1 - 17.

[86] Plotnick, R., 1981. A Measure of Horizontal Equity [J]. Review of Economics and Statistics, 63 (2), 283 - 288.

[87] Rehman, H. U., I. Ahmed, and M. S. Awan, 2007. Testing Wagner's Law for Pakistan: 1972 - 2004 [J]. Pa-

kistan Economic & Social Review, 45 (2): 155 – 166.

[88] Tamar Manuelyan Atinc. etc, 1997, Sharing Rising Income [R].

[89] Tobin, D., 2005. Economic Liberalization, the Changing Role of the State and "Wagner's Law": China's Development Experience Since 1978 [J]. World Development, 33 (5): 729 – 743.

[90] Veverka, J., 1963. The Growth of Government Expenditure in the United Kingdom Since 1790 [J]. Scottish Journal of Political Economy, 10 (1): 111 – 127.

[91] Whitfield L., 2008. Pro – Poor Growth: A Review of Contemporary Debates [R]. Copenhagen: Danish Institute of International Studies, Elites, Production and Poverty Research Program (DIIS).

[92] Wolff E., 2007. The Distributional Consequences of Government Spending and Taxation in the U. S., 1989 and 2000 [J]. Review of Income and Wealth, 53 (4): 692 – 715.

[93] World Bank, 2001. China Overcoming Rural Poverty, A World Bank Country Study [R].

[94] World Bank, 2000. Word Development Report (2000/2001): Attacking Poverty [M]. New York: Oxford University Press.

[95] Zanden, J. L. V., 1995. Tracing the Beginning of the Kuznets Curve: Western Europe during the Early Modern Period [J]. Economic History Review, 48 (4): 643 – 664.